讓他人說 YES 的交涉力與說服力！
把一切都變成積極的構思——逆轉思考力！

逆向思維

林郁 主編

PREFACE

前言

想要得到成功，必須去驅使兩種人。

一是他人，一是自己。

驅使他人的技術，隨著心理學的發展而變得十分普及了。例如，拿破崙可以叫出每個士兵的名字而掌握人心；但是現在能力很強的生意人，能夠叫出顧客的名字，已經變成一種常識了。也就是說在古代是高超絕妙的技術，現今已經普遍化了。

身處於現代社會，如果能夠運用心理學的力量來贏得他人的信任、說服他人或是要隨心所欲地操縱他人，並不是一件困難的事。因為只要會使用心理學的力量，就會取得一定的成果。

不過，這就好像雙刃劍一樣。

也就是說，你自己也有可能受到來自他人的心理操作。原以為能掌控他人，沒想到反而被別人掌控，不知不覺中受到暗示的經驗，你有沒有過呢？

我經常會被問到——

「上司和下屬的人際關係不好。」

「不懂得怎麼去交涉、去說服……」
「我容易陷入負面的構思中……」
「總是感覺工作的能力不足。」
「總是覺得太勉強或浪費力量……」

仔細詢問這些人的問題，發現原因幾乎都是受到來自他人不好的暗示，或者受到某種心理操作。

前提是：若不知道這些心理的形成原因，想要自己按照自己的想法去展現行動就變成很困難了。

一些「驅使他人」或是「自我暗示」的書籍，實際上無法發揮作用，就是因為自己和他人的心理互相產生深刻影響的緣故。就像運動，進攻和防守一定要並重，取得平衡；心理學若是不能複合運用的話，也無法產生效果。

因為心理學不是死亡的學科，而是活的學問，它必須融入我們的生活，才能發揮強大的力量，西方不是有句格言說——心理學領導世界嗎？所以，心理學的力量是誰也不能輕忽與怠慢的了。

時至今日，心理學已成為一門生活的基本科學，應該當作「成功」的綜合教材來運用。因為心理學就是啓動成功學的關鍵按鈕，我們甚至可以大膽地說，沒有心理學，就沒有成功學！

本書以十分全面性的方式，來闡述各種心理的遭遇戰；從交涉說服的技巧、如何讓人喜歡的心理作戰、怎樣自我暗示、逆轉思考的方法以及做好時間管理，還有自我控制的行動法則等等。這是一部能幫您邁上圓融人生以及成功之路的新武器，您可千萬不要錯過！

何況本書的內容，實行起來非常簡單，而且效果能夠馬上明確的出現。只要運用本書，您就能在複雜的人際關係中確立自我，同時看穿他人的行動和語言背後的真心，進行正確地應對。如此一來，你便能過著和諧的人生，而自己也能獲得更好的成就。

CONTENTS

目錄

讓他人說YES的交涉、說服的技巧

CHAPTER 2

讓關鍵者喜歡你的心理作戰

CHAPTER 3

一切都要變成積極的構思——逆轉思考心理

CHAPTER 4

提升工作實力的自我暗示威力

CHAPTER 5

避免浪費時間與行動的心理法則

CHAPTER 6

創造更強韌的自我——自我控制

CHAPTER

1

讓他人說YES的交涉、說服的技巧

成功的第一要因是什麼？當然是擁有「讓人說YES的力量」。

商業是由商談、交涉、會議、命令等，能夠驅使他人展現對自己有利的行動才得以成立的。能夠貫徹自己的NO，同時又能使對方點頭說YES，其決定性的關鍵就在於說服力。

有些人想要用理論或強迫的手段使對方屈服，雖然有時候有效，但大部分會遭到頑強的拒絕。

所以，一定要知道人類只要藉著一些心理學的技巧，就會輕易地說YES。無論是誰，都會有「無法抵擋的一句話」。

所以說，與其用「道理」或「利益」來驅使人，還不如用「心理的力量」來驅使人。

1 要占優勢必須選擇座位——史丁札的空間管理法

每週或每月一次的幹部會議，你當然希望自己的意見能夠表達出來，那麼你認爲在會議中能夠成爲有利領導的座位是在哪裡？相反地，也有對你不利的位置存在。

同時也要考慮上司是坐在哪個座位，試問你會選擇哪個座位？

容易得到同意的座位、不易得到同意的座位

羅馬喜劇作家柏圖斯說：「事先知道，有備無患。」

在宴會中，若是按照頭銜或年齡就座，大概都知道誰在上座，誰在末座。但是交涉

或會議，也有一些能夠增強發言力的有利座位，或是意見會受到輕視的不利座位，能夠活用的人或是不在意者，對於說服力會造成決定性的差距。

例如，左圖所示的桌子座位，心理學認為①、③、⑤是領導席。想要掌握領導權，必須早點到達會場，確保這些座位。

到底哪個座位最好？須視自己個性的類型和談話內容來做決定。

想要坐在①或⑤的人，是屬於為了解決問題，希望能夠掌握當場氣氛的精力型；而選擇③的人，則是重視參加者的人際關係，希望以民主的方式與對方交談型。你可以配合自己的個性類型來選擇。

若是正式會議或交涉的話，選擇①或⑤；若是希望參加者都能夠積極發言、提供建議的話，選擇③的座位比較好。

至於②和④則是對於參與會議不熱心的人之座位。如果每次都坐在這種座位上，表示你不知不覺就會成為不顯眼的職員。想要避免被競爭的對手超越的話，最好不要選擇這種座位。

若是不得不選擇不利的座位時，必須藉著積極發言挽回座位不利的頹勢。一般而言，右手為上席，因為從上司的視線來看，如果右側座位空著，坐在那兒較好。

「同志」安排在何處

法國波旁王朝首任國王安利四世說：

「擊敗敵人最好的方法，就是將敵人化爲同志。」

坐在會議或交涉的座位上，其次必須掌握參加者的位置關係，以及發言背後的心理，才能誘導出對自己有利的話題——這也可以說是「史丁札效果」的應用。

心理學家史丁札研究小團體的生態，提出以下三大法則的報告。

1．以前曾經在討論上發生爭執的對手參加會議時，不論是誰都有坐在這個人正面

的傾向。

2．發言結束時接著發言的，不是意見的贊成者，而是持相反意見的人。

3．如果主持者的領導能力較弱，會想和坐在正面的參加者說話；相反地，若是領導能力較強，則有想和鄰座談話的傾向。

這些法則，亦可做如下的活用——

1．如果還有幾個空位，某人坐在你的正面，表示這個人不論任何事可能都會提出與你相反的意見。雖然有這樣的心態，如果希望討論順利地進行，有時可以讓自己的同志坐在意見相反者的鄰座，採取這種對抗的手段。

2．在你陳述完意見之後，立刻有贊同者接著發言。也就是說先設下「暗樁」，不斷增加同志也是有效的方法。如此一來，能夠封住其他人反對的理論。但也應覺悟到，萬一對方提出相反意見，那你想要獲得贊同可能便須費工夫了。

3．由第三法則立刻判斷出你所掌握的主導權是強還是弱。藉此得以決定是要加快會議進行的速度，或者暫時休息，這是決定主導權強化的心理壓力手段。

——會議或交涉的主導權，不光是由發言內容的正確與否及立場的強弱來決定的。有時會藉著這種心理效果，補強較弱的內容，鞏固較強的立場。

2 製造難以說「不」的情況……放長線釣大魚的技巧

商業上有時會面臨對方無理的要求。此時有讓對方毫無抵抗地說YES的有效心理技巧。你以往是否使用過這種計謀呢？

「拜託一下」所造成的心理影響

塞萬提斯說：「我不想要，我眞的不想要。但是把它放進我的頭巾裡吧！」

進行讓對方非常討厭的調查，內容爲：「想知道你們家的櫥子和抽屜中放了什麼東西，請拿出來看看！」利用以下三種方法做實驗。

1・直接拜訪對方，請求「協助調查」。

2・事先打電話，說明調查內容之後再拜託對方。

3・先拜託對方接受與調查有關的問卷填寫，得到同意之後，數日再請求對方接受實際的調查。

——結果答應的人①占22％，②占28％，③則達到53％。

這就是所謂放長線釣大魚的心理計謀——先把腳放入門縫內，再讓對方慢慢地把門打開，從簡單的事情開始，而後即使是無理的要求，也能夠讓對方答應。

也就是說人類會有一種強烈的傾向，會遵守自己行動的一貫性，一旦答應一件事之後，日後再拜託他時就很難拒絕了。

所以，當對方想防守或拒絕時，能夠讓他輕鬆答應進入主題的這個方法，是經常被利用爲詐欺的手段。最初只騙一點點錢，之後慢慢地巧立名目再越騙越大筆錢。這類犯罪行爲屢見不鮮，證明了放長線釣大魚的效果非常大。

羅馬喜劇作家普布里斯・西爾斯說：
「雖有變化，但是反覆出現的快樂不見得是讓人愉快的快樂。」

這是在商業上經常使用的手法。例如，要使客戶答應與你交易時，不要一開始便強迫對方，應該先打電話與其接觸，從一些能讓對方輕鬆答應的小誘惑開始，等到門打開之後，再經過幾次的ＹＥＳ才進入正題的交易，則成立的可能性就提高了。

當然，這對於交涉場合的防禦也有效。當對方若無其事地進行引誘時，很多人都會「打開一道門縫」看看情況。

此外，放長線釣大魚技巧也可以活用在一般人際關係上。每次都和對方輕鬆地交際應酬，最後再提出比較困難的事情，雖然對方會覺得「好像中計了」，卻很難拒絕，相信一般人都有這樣的經驗。所以，你也可以下意識地使用這招。

人在不知不覺中會使用這種技巧。像是想邀請女性約會時，開始會說「大家一起去郊遊」，這樣對方較容易同意，等到下一次約她去看電影、聽音樂會，對方會逐漸把心門打開——這是追求女朋友的老套手段。

有意使用這種方法的人，和無意識中才會使用這種方法的人，在效果上會有很大的差距；前者效果ＯＫ，後者則就說不定了。

使對方迅速敞開心扉的方法

⋯⋯光圈效果

聖像、佛像大都會有光輪背景（後光效果）。即使祈禱的對象不同，但這種光圈效果會使得畫像看起來更莊嚴。而人類也有一種心理，認爲與其和沒有背景的人交涉，不如和有背景的人交涉更爲有利。當然，有強烈的後光比微弱的後光，更具說服力。你具有何種背景，而且是否會加以活用？

別人會相信你哪一點

羅馬哲學家塞內卡說：

「有些人看起來非常偉大，是因爲連他的台座一起測量之故。」

「上週到A公司洽談生意，結果吃了閉門羹。後來請了和A公司相熟的張教授寫介紹信，昨天又去了，結果對方熱情地招待我，生意亦談得相當順利。兩種態度眞是有如天壤之別。」

在我們周遭，經常聽到這類議論。也就是說本人單獨的力量比較小，若能藉助具有勢力的背景力量，就能使談話順利進行，對方不但能夠接受，還會十分信賴。

通常人們在評價某個人物時，具有從此人的背景關係來評論的傾向。這就是稱作「後光效果（光圈效果）」的現象。

例如，散發光芒的太陽或月亮，看起來比平常更大，這些光芒就稱爲「後光」。也就是說在人類背後的東西，可以提高個人的評價，謂之「後光效果」。

若是有意利用後光效果，即使與對方頭一次見面，也能夠輕易地得到信賴。

像是騙子謊稱自己與某政治人物或財經界人士有關係而摶取信賴，一些男人擺出自己頗具社會地位的姿態來欺騙女人，在心理學上都是同樣的手法。

後光不可以亂用，若是個人有正當的後光，應該積極地利用。如果沒有，就要製造後光。小自走在上司的身邊，大至與知名人物的同桌，對「後光」這個人自身而言，只是簡單的一件事，於你來說卻是極大的援軍。在我們的身邊經常可以發現一些騙子常利用公衆的場合，擠身與名人一起拍照，藉以製造「光圈效果」。

但是對於所屬公司的大小和頭銜產生的後光效果過度依賴的話，有時反而會讓別人看輕。不要忘了自己製造的後光最有價值。

利用第三者的權威

德國大文豪歌德說：「只要肯定競爭對手的優點，就能得到最大的利益。」

比光圈效果更具效果的，就是基於費里茨・海德平衡理論的說服。

人類具有尋求穩定關係的傾向，心理學家海德用如圖示的三角形來說明這個心理。自己是P，他人是O，視爲對象的觀念或人物等爲X，藉由這三者的關係來推測人類的行動時，就會清楚地看見進攻對方的哪一個弱點較容易說服。

例如，你所說的不爲對方O氏信任。

這時可以假託O氏所信賴、尊敬的第三者X氏之名說：「X先生也是這麼說的。」這時對方就會形成如〈圖1〉所示的不穩定心理狀態。爲了消除這種不穩定，O氏就會想：既然X先生也這麼說，一定不會錯，因而接受你的意見。

如此一來，以往的負面會變化爲正面，而與你自己的關係也會變得更順利。O氏對於第三者X的信賴程度越大，效果越強，所以在說服或交涉之前，心裡就要先準備好這類人物以便運用。

此外，責難對方所討厭的觀念或人物也很有效。你否定這個人或觀念的程度越強，對方就會越認同你、喜歡你。這種情況如〔圖2〕所示，也就是活用「敵人的敵人是同志」、「口出惡言就能消彌惡意」的心理技巧。

不過惡言過多會降低你的品格，同時惡言容易傳到他人耳中，因此要愼重其事，不要從身邊尋找X。

基於平衡理論的人際關係圖

第三者或觀念

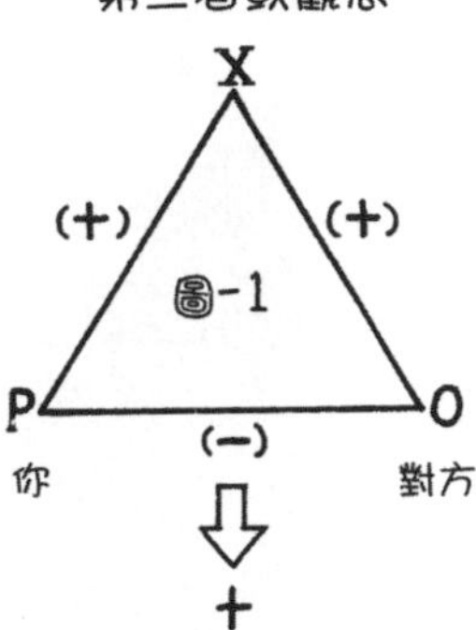

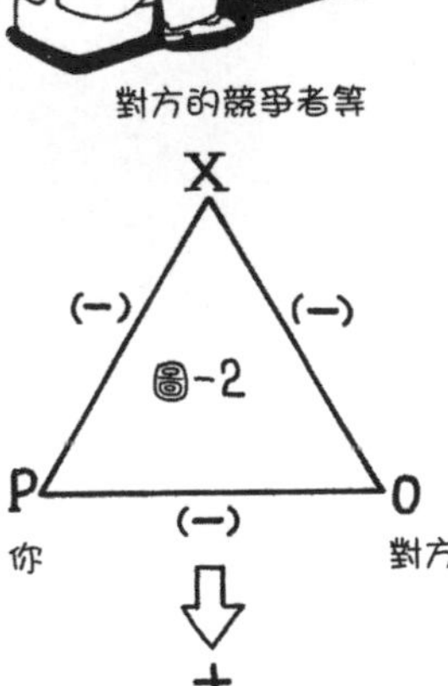

聽對方不經意說YES的方法
……「同調行動」的活用

看到一家餐廳門前大排長龍，第二天，甚至一週後都是如此。看到這種盛況，你還能夠壓抑住想進這家餐廳的慾望嗎？

然而，這種心理要如何活用在商業上呢？

扔出潛在的不安

巴斯克俗諺：「山不需要山，但是人需要人。」

在某家餐館或某家拉麵店前，經常看到排成一列的隊伍可以召喚顧客的現象。到大拍賣現場一看，原先只聚集幾個人，但是後來人群會加速擴大。

這種情形來自人類看到有人聚在一起，心裡就會想：這些人聚在這裡購買，可見得一定是好東西。而且還會產生一種「如果不趕快買，就會被搶購一空」的不安。

人類具有想要和自己同樣立場的人展現「類似行動」的傾向。

心理學將自己所屬的團體稱爲「依據團體」，大部分的人都想展現與屬於依據團體的他人同樣的行動。

一些厲害的推銷員就是巧妙利用這種心理。

例如，在開發中的國家，人們幾乎都是屬於中產階級的家庭。所以，如果讓他產生「只要是中產階級都該擁有這項商品」的想法，甚至利用「每個家庭都該準備一套」的說詞，不斷鼓動對方，就很容易成立契約。

「既是頂尖的企業，怎麼還沒有導入這種商品呢？」或「和你同級的人都在使用了啊！」之類的話語，能夠刺激出同樣的心理。如果引出競爭對手的話，也可以說：「某某公司已經使用本公司的製品了哦！」這種說法亦頗有效。

希望展現與他人同樣的行動稱爲「同調行動」。很多人認爲如果不取得與他人的同調行動，就無法使人安心，能夠巧妙掌握人類這種不安心理，不但在推銷上大有助益，甚至也會成爲商業、人際關係好轉的關鍵。

欲使交涉或談話有利地進行，一定要記住這些進攻心理弱點的方法。

封住反駁理論的技巧

……脫離緊張法

「一般人往返月球的旅行要在十年內實現」、「癌症治療法至少要花上二十五年以上的時間才可能發現」之類的文章，讓兩組被實驗者閱讀之後，詢問他們贊否的意見。通常只是閱讀的人不會贊同，但是一邊吃花生喝可樂、一邊閱讀的人，大多數會贊成。

由此可知，飲食所造成的心理影響十分大。

在熟悉的場所談重要的話題

海布萊說：「準備好餐桌吧！這樣子就能夠消弭紛爭。」

爲使交涉有利進行，掌握人際關係的主導權，「場所」的選擇非常重要。首先要注意的就是必須把對方引進自己的領域中。

例如，職棒球隊在主場的贏球機率比遠征客場高，這是因爲擁有較多有利的因素，既有當地球迷熱情加油，又熟悉球場的狀況，最重要的是「這是球隊的根據地」之精神安定感，對於選手心理會產生正面的影響。

如果交涉的場所可以自由選擇的話，請對方到自己的公司來當然較占優勢。不過，如果要招待對方，第一次可以以對方的嗜好爲優先考慮，到了下一次則邀請對方「到我熟悉的店裡吧」——此外，盡可能要選好飲食場所。

政治家的世界有所謂的「飲食政治」，而美國商業界也會一邊商談、一邊進食，商業午餐就被稱爲「權力午餐」。由此可知，飲食對於說服具有非常強大的效果。

這也是如開頭所示心理學上呈現的法則。人在吃東西時容易被說服，這是因爲進食會削弱緊張感，所以較容易聽進對方的話語；況且吃東西時不方便開口發言，也比較不會引起爭執。下次如果和女朋友吵架，要和好就帶她去美美吃一餐吧！

如果飲食的提供者和負責說服的人是同一人，那效果就更大了。尤其當對方對你有負面的感情時，可以採用一邊吃東西、一邊說服的策略。

「聲音」能夠增強說服力……梅拉比恩法則

美國心理學者亞伯特・梅拉比恩將人類依據何者判斷對方的比例化為公式——「知覺態度＝語言×0.07＋聲音×0.38＋臉×0.55」。

換言之，人類會以對方的臉做五成以上的判斷，將近四成受到聲音的影響，利用語言的信賴，則不到一成。

你是否能夠檢查自己的聲音和說話的方式呢？

為什麼聲音較低能夠提高信賴度？

英國政治家狄斯雷里說：「聲音能確實地表現性格。」

根據關於音質的研究報告發現，聲音大、低沉、響亮的人比較外向，具有領導能力，而且說服力較高。

一般而言，低沉的聲音與較高的聲音相比顯得洗練，且性感、比較男性化，具有安心感，因此容易讓人接受。

在商業場合，通常會注意臉部表情、遣詞用字，但是很少人會考慮到聲調的問題。這是因爲有種先入爲主的觀念，認爲「聲音是天生的，不能改變。」

但是，由梅拉比恩的公式引導出將近四成的說服力，是由聲音來決定的心理法則，那就絕對不能忽略。要促使對方關心、想說服對方時，一定要學會聲音的使用方法。

即使無法做聲音訓練，也要盡可能用低沉又響亮的聲音說話。

只要學會一點點的祕訣就夠了。注意話不要說得太快，訓練的方法不妨以閱讀報紙的社論來進行。此外，要有抑揚頓挫。花點工夫習慣在談話途中能夠利用聲音做各種表現，平板的聲音絕對無法產生最佳的商業效果。

習慣發出聲音之後，再練習對著鏡子說話。這時你就會發現在鏡中出現一個你以往完全沒有察覺到、具有說服力、給人極佳印象的另一個自己。

決定談話結果的五分鐘技巧
……共鳴法

某位推銷員在推銷商品時認為，如果最初的五分鐘不能刺激買氣的話，則之後再怎麼下工夫，對方也不會產生購買慾。總之，最初的五分鐘是決定勝敗的關鍵。

你是否贊成這種說法呢？

最重要的時機是談話的最初或最後呢？

美國劇作家田納西．威廉斯說：「時鐘滴答、滴答、滴答的聲音，正意謂著損失、損失、損失、損失。爲避免這種情形發生，一定要多努力。」

生意具有接觸、示範、成交的順序。如果從這方面來說的話，那麼最初的五分鐘當成勝敗的關鍵，就未免太心急了；不過優秀的推銷員在與對方接觸時，就已對對方的潛在意識輸入了「這個商品很好，應該要買」的觀念。

也就是說，爲使生意能夠順利進行，在對方產生購買慾望時必須強力地推波助瀾，最初的五分鐘是雙方能夠集中精神洽談的時間限度，接下來就是關於條件交涉或相關商品的建議。

如果見面幾次之後，話題仍無法順利地進展下去，則任何的生意或交涉都無法成功。在這種情況下，雙方會有「這次一定要決定」的最後一次建議出現。而這最後一次的最初五分鐘內必須傾注一切說服力和熱情，就能使得交涉的頹勢好轉。

也就是說想要利用這「最初的一擊」決定對方的心意，必須在平時就培養這種五分

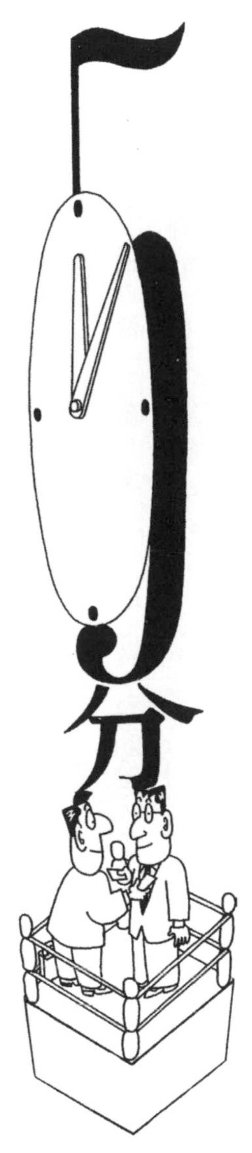

鐘的感覺。其中一種方法就是三分鐘的演講訓練。利用短暫的時間將一切要說的都能夠完整地表達出來，所以說話的速度、間斷的時間、話題的組合等等，都要研究。

如果遇到重要的會議或困難的交涉時，這種做法有助於防止臉紅心跳的現象。人會臉紅是基於一種對人群的恐懼本能、防禦本能，想要緩和這種現象，必須：①累積經驗；②事先做好準備，就能有條不紊地敘述；③不要太過於表現自己的優點——意識到這三點是很重要的。

累積三分鐘的演講練習，在心理上就能產生與①累積經驗之同樣效果。而②當然能夠達到熟練的技巧。此外要排除③想要表現自己各方優點的急切心理，通常很困難，但是利用短時累積說話訓練，很自然就能辦到這一點。

熟悉三分鐘演講的人，在會議中就能夠巧妙地藉著發言扣住人心，吸引他人的注意。發言時間愈長，則理解、共鳴的效果愈低，基於這項法則，簡單的談話的確能提升理解和共鳴的程度。而且對方也會安心地認爲「這個人話說得很簡短」，因而產生一種側耳傾聽的心理效果。

冗長的話題，每個重點花三分鐘來做說明，全部做三個重點說明。有時斥責、確認或強迫等觀念，愈短愈有效。不過有時候三分鐘也嫌太長了，如果對方說「知道了」，這時就要將話題打住。

8 說服最重要的對象……樂隊車效果

在賽馬場經常看到一些場外的賽馬預測者。當顧客聚集時，幾個客人會說：「第一場比賽你猜中了，這是謝禮。」把錢交給猜對那匹馬的人。而其他客人雖然心裡會懷疑；「是不是套好路子而埋下的暗樁？」但還是會被吸引，認爲「不！也許是眞的猜中了」而掏出錢來購買下次被猜測的那匹馬。

你是這種心理計謀的中計者？還是能夠運用這種方法的人呢？

容易融入感性還是理性中？

荷蘭人文學者艾拉斯姆斯說：「高明的說話技巧，就是知道說謊的方法。」

商業上會面臨「這個企畫絕對想要通過」或「一定要說服那個人」的情況，這時應該要運用平常沒有用到的心理計謀。

心理學認爲在說服團體時，事先埋下幾個暗樁再來說服，進行起來會較順利。利用這種方法的就是樂隊車效果。遊行時搭載樂隊的車子（樂隊車）接近時，周圍會變得很熱鬧，提高節慶的氣氛。

在會議中或是賣場或是夜市的攤位上也是同樣的情況，讓暗樁或是贊同者發言，就能使話題進展得較爲順利。

事先花點工夫，安排好暗樁。例如，在會議中，暗樁必須強力推薦你的企畫，說明「我支持這個案子」，而另一個暗樁則須隨聲附和「我也是」，此時不同意的人心中可能會想：「難道我的想法錯了嗎？」

而更能提高這個效果的是運用「分別使用理性、感性的法則」。

在說服他人時，心理學上有兩種方法，就是給予很多情報、訴諸理性的方法，以及使結論明確訴諸感性的方法。

以政治家爲例，理性派的代表如日本共產黨的不破哲三委員長，他的演說中一定會提到很多數字。例如，國防費用佔GNP的幾成、國際收支、福利財政的變化率、完全失業率等等，連詳細的數字都能一一說了出來，吸引聽衆的注意。

而感性派的代表則是已故的日本首相田中角榮。「新潟是貧窮的雪國之縣，長期以來承受痛苦。現在你們看看。新幹線、高速公路不斷地發展，這些全部都是我建設的，是越山會的力量。這一次我希望產業能夠活絡，我一定要讓新潟成為工業中心。難道大家不希望和我一樣，讓新潟更繁榮嗎？」這是以感性的方式作爲訴求。

美國心理學家西斯雷斯瓦特讓士兵聽「美國在韓戰中所採取的政策是正確的」，具有這種意義的幾捲錄音帶，調查說服效果，結果發現理性型的人給予理性的話題，感性型的人則給予以結論爲先導的感性話題，更具說服力。

因此，在安排暗樁時，必須考慮：①自己說話的語氣是屬於理性派還是感性派，②想要說服的對象屬於哪一型，③先前整個場合的氣氛是感性還是理性的，藉此決定要以感性派爲主，或以理性派爲主。

從自己先跳躍的技巧

羅馬哲學家塞內卡說：「劍術高手是在競技場中下定決心。」

如果想要提高氣氛，則自己本身的狀況要比會議或交涉現場更熱絡才行。

這裡有個有效的「決斷法」。

通常我們看到不習慣的東西時會覺得不知如何是好。就像平常穿慣西裝的人，突然穿條牛仔褲、套件T恤出現在你面前，你會感到很不習慣。

在商場上也是如此。平常習慣百萬交易的人，突然有人和他談以億爲單位的生意；或是做慣營業企畫的人，必須提出和其他公司的合作計畫時，可能會因爲緊張而說明不足，或像吃了興奮劑變得過於囉哩囉唆了。話說得太多表示判斷力、決斷力不足。

因此，在從事這樣的工作之前，最好先花一大筆錢購買以前就很想要卻下不了決心購買的東西。到底要不要買？你會感到猶豫，而這時候的斷然購買就成爲提升決斷力的訓練。如此一來，也能使自己的心理容量擴大。

就像滑雪的飛躍動作，只要第一次飛躍得很棒，接下來就能夠輕鬆地飛躍了。

9 一旦改變「距離」時，同意的基準也會改變

……接近法

某個推銷員曾說：「即使是身經百戰的老手，到陌生的公司去見陌生人也會覺得辛苦。年輕時因爲太過於不安，一推開門就開始緊張了。」

你有沒有什麼方法，能夠緩和與對方初次見面時的緊張呢？

從距離五十公分處開始「我們的話題」

德國大文豪歌德說：「世間尋求的不是感情，而是禮儀。」

據說「推銷員的工作八成在於建立人際關係」。在商場上會遇到很多陌生人，而且

必須盡早建立信賴關係。

下面為各位介紹與初次見面的對方或是不親密的人，盡早建立穩定關係的技巧。

首先，與對方在距離五十公分處說話。

這是人類會對對方產生好感的距離。根據心理學的實驗發現，和陌生人之間距離：①三公尺、②一公尺、③五十公分、④十五公分說話時，③比①和②具有更好的印象，但是像④這種太近的距離反而會造成不好的印象。也就是說，只允許戀人等侵入的私人空間，一旦你侵入時，對方就會抱持警戒心。

當然，伸出手來就能接觸到對方，自然會產生親密度。

一般而言，上司在與下屬討論公事時，以一～二公尺的距離較為適當。五十公分則能縮短這種辦公室間隔，又不至於侵犯到他人的隱私權。

因此，想要盡早建立親密關係的人，和他初次見面時不要膽怯，可以靠近說話。如果是到陌生的公司拜訪，不要大老遠看到對方就低頭打招呼，應該走到辦公桌前再與其打招呼，這樣對方更能感受到你的誠意。

這種縮短距離的方式，容易令對方對你產生親近感，進而消除自己的緊張感。

但是行為舉止要特別留意，以免讓對方認為你是輕佻的人。

10 不讓對方掌握步調的方法

……接觸的效用

有個實驗是：讓某一個人①和對方說話，但是眼睛不看對方，也不和對方握手；②眼睛看對方，但是不和對方說話或握手；③雖然握手，眼睛卻不看對方也沒有說話。以這三種方法與人接觸的被實驗者，之後被詢問他們的印象。

結果發現①是不感動、形式化的，②則是冷淡、驕傲自大等消極的評價較多，③是溫和、感覺敏銳、值得信賴的積極印象，將近半數的人願意再見他。

你是否意識到接觸對方身體的心理效果呢？

讓對方認為「拒絕他不太好」的心理作戰

羅馬思想家瓦洛說：「旅行時，最耗費工夫的就是跨過門檻時。」

欲提高親近感，首先要縮短自己和對方的距離；再加上一些身體接觸，效果更大。

在美國曾做過這樣的調查。首先實施簡單的問卷調查，這時：

①輕輕碰觸對方的手臂，請他做答；②不接觸對方身體的任何部位，請他做答。在問卷調查結束時，不小心將一疊回答用紙掉在地上弄散了，此時統計會幫忙撿紙的人的比例。結果發現①身體被輕微碰觸的人較會幫忙。

此外，再舉「座談高手」已做的日本首相三木武夫的例子。

他要在黨內紮根，以及希望對方做出決定時，會突然縮短與對方之間的距離，輕拍對方的膝蓋，或是輕輕搖晃對方。一旦被輕拍時，對方根本無法提出反駁的理論，不知不覺中就會讓話題朝對三木武夫有利的方向前進。

這種接觸的效果，你也可以活用。若無其事地接觸對方的肩或手臂，就能夠縮短與對方之間的心理距離。在交涉或說服時，眞的是要「促膝」而談，藉著接觸對方的膝蓋將他引入自己的步調中。

不過，對方也有可能不喜歡這類接觸，此時可如開頭的例子所示，藉著握手使對方敞開心扉。握手時，用雙手包住對方的手的方式，或是手鬆開的瞬間馬上再一次握住，諸如此類的心理表現都可行。

掌握心理的三階段

泰國俗諺：「十人之口的保證，也比不上雙眼的親眼目睹。即使用兩隻眼睛看，也比不上用一隻手觸摸。」

更進一步便是建立「舉杯喝酒」的關係。

美國社會心理學家班蘭德比較東方人和美國人的身體接觸經驗，發現東西方相比，東方人在孩提時代親子間會頻頻接觸，但是長大成人之後，與他人的身體接觸較少。班蘭德因此認爲東方人有討厭感情接觸的傾向，因爲身體接觸是非常強烈的感情交流法。

可是東方人並不是完全避免身體的接觸，他的結論是「藉著酒的交流」來彌補這個缺點。像很多人喝酒時，可能會搭肩膀或互相擁抱，感覺若無其事。

換言之，藉著這種身體的接觸能夠提高溝通的程度。與對方的親密度，隨著①距離五十公分談話，②輕微接觸，③在酒席中身體接觸的順序逐漸提高。

不論任何時候都可以讓自己平靜下來的技巧

……制服化理論

在面臨重要的交涉或會議時，有些人會準備新的領帶，藉以調整自己的心情。這樣是否能夠成功呢？答案是NO。理由爲何？

脫掉「盔甲」之後，心情也變得輕鬆了

法國思想家盧梭說：「人會讓自己配合在他人眼裡的自己。」

到了求職季節時，整個街上都是穿著就職服裝的學生。脫掉穿慣的輕鬆外衣，身著筆挺西裝的學生們，見到了有什麼感覺呢？可能會有「太彆扭了」、「表情僵硬」、

「還不成熟」等等負面的看法吧！

這是當然的，事實上他們都很緊張，而且還是不成熟的社會新鮮人。然而心理上眞正的負面印象應該是來自於新做的西裝的視覺面。穿著不適合的服裝，會讓人覺得「很滑稽」——不只是新人，老練的生意人也是如此。

在交涉或是會議的場合，如果穿著太正式的服裝，必恭必敬的樣子會給人「太緊張」的印象，那麼對方會把你看成一般的年輕人，甚至懷疑「爲何如此謹愼」，反而會產生一種警戒的心理。

只不過是服裝，但對於說服或交涉會產生很大的影響。而對方微妙的心理反應也一定會影響到你的心理。所以在小事上著力的關係會造成很大的影響。

因此，當你要去見新客戶或參加氣氛緊張的重要會議時，穿平常習慣的衣服即可，避免穿著新做或新買的西裝。

平常的日子倒是可以穿新做的服裝。若是你希望穿慣的服裝能夠像新做的一般光鮮亮麗，可以選擇比較高級的襯衫或領帶來做烘托。

心理學認爲，不是當時的心情決定服裝，而是服裝決定了心情。

最好的例子就是制服。平常看起來軟弱膽小的人，一旦穿上警察制服，突然變得目光銳利，行動敏捷迅速。同樣的，空服員、護士的情況也是如此。

換個看法，制服可說是讓人最能安心工作的服裝。也就是說在說服或交涉等的緊張場合，自己想要製造出一個能夠安心進行談話的心理狀態，那麼穿著平常上班的公司制服是很重要的。

更進一步，不光是穿慣的衣服，甚至可以選擇自己喜歡的服裝。

例如，打上自己最喜愛的領帶，就像穿上制服同樣的安心，具有放鬆效果。此外，錢包、手帕、名片夾等小物件及鞋襪也具有同等的效果。對於女性而言，手提包、小飾物更是產生同樣效果的必備品。

如果要產生最佳的制服效果，必須記住生意談得最順利的一次是打哪一條領帶，遇上相同狀況，就可以打這條領帶。

換言之，即選取一些對自己有利的吉祥物。第二次比第一次好，第三次又比第二次好，一次好過一次，累積經驗就能提高成功率。

CHAPTER 2

讓關鍵者喜歡你的心理作戰

你是不是有因為和上司的關係搞得不好，致使機會溜走或搞得工作不順的經驗呢？

人生絕對會受到人際關係的影響。成功是因為有關鍵者掌握了關鍵——在任何地方，都可能有提攜你或是擊潰你的上司、同事、部下、客戶等等的關鍵者存在。

不需要討好所有的人，但要看出對自己而言重要的人，牢牢地掌握他的心。一條龍比一百隻鴿子，更能將你帶到高處。

關鍵者有很多，但是受人歡迎的心理法則卻是共通的，一定要活用這些法則，最後你自己亦能成為關鍵者，聚集名望。

12 人會喜歡與自己類似的人 ……同步法

美國某間大學宿舍進行了一項在宿舍住半年的行動調查。結果發現：①剛住進宿舍時，有和鄰居建立好關係的傾向；②經過一段時間之後，會和性格、態度類似的人形成團體。

①的理由是「接近要因」，②的理由則是「類似性要因」。人際關係的形成受到這兩大要因的影響。

你是否會積極地製造出這些要因呢？

只是模仿對方的小動作而已……

法國思想家蒙田說：「蜜蜂飛舞於花叢中搜集花蜜，然後製造出自己的蜜。」

某位名人曾經說過，進入人心最快的方法就是：「仔細看對方的說話及態度，而且迅速配合是最有效的方法。」

例如，對方是性格大而化之的人，而且說話非常爽快，那你也可以不拘小節地和對方談話。若是對方非常注重禮儀，自己也要表現出禮貌的態度。如此一來，不管是誰都可以在短時間內製造出宛如舊識般的氣氛——這的確是心理學上認同的好方法。

欲得到關鍵者的喜愛，首先要把重點放在開頭所說的類似性要因，也就是「相似的一票人」、「物以類聚」之上。

原本並不親密的對方，如果感到你是「和自己相似的那一類型」，立刻就會撤去心中的圍牆而接近你（或讓你接近）。所以爲了讓對方這麼想，你必須模仿他說話的方式、工作的態度，思考模式和興趣等等。

交往一陣子之後，得以掌握對方的思考和行動方式，下意識地加以模仿，而讓對方認爲「是自己這一型的人」，便能輕易建立良好的人際關係。

如果對方和自己是不同型的人，實在沒有辦法和他一體化的話，那麼可以從閱讀對方喜歡的書本開始，這樣子就能深入了解對方的想法，而且知道如何反映在工作和說話方式上。例如，比對方搶先一步說：「那位作家的新作您看過了嗎？——他的上一本書……」先把對方看過的書或想說的話說出來，他就會覺得你是「非常可愛的傢伙」。

做出「我與你是同類者」的強烈暗示

中國俗諺：

「如果是相識的人，必須尊重他的美德；若是陌生人的話，要注意他的衣服。」

一些關係和睦的伴侶，會發覺他們對服裝的品味類似。也就是說由於心理上的同步性（相互一致），而亦尋求外觀上的同步性。反過來說，若是做與對方完全不同的裝扮，可能對方在心理上就會先排除你。

前者的例子，如結婚或喪禮等，光是穿著禮服就能融入現場的氣氛中，而展現嚴肅

的態度。後者的例子，如團體旅行，大家都是衣著輕便，只有自己穿著制服，感覺很不舒服。易言之，由於服裝反而映出心理的同步化。

所以，如果你要討好的對象喜歡T恤牛仔褲，那你就要穿T恤牛仔褲；如果他喜歡藍色系領帶，那你最好不要打綠色系的領帶。如此一來，就能使他對你的好感度提升。當然，也不能像猴子一樣照單全收，一味模仿，完全無視於自己的體型和臉孔。

應用在商業上時，則是要去拜訪客戶時，儘量穿著配合該公司風格的服裝，這樣會有好的影響。例如，到全部職員都穿西裝制服的銀行洽商，自己卻是穿著夾克，本身就會失去對方的信賴。如果你在作業員忙碌的工廠穿著高級皮鞋來回走動，一樣無法贏得對方的信賴。

根據心理學的研究，穿著不合宜的服裝，會造成自我意識過剩。

13 使對方說真心話的技巧……訪問效果

我有一位朋友每次和上司說話時都會準備筆記本，但是後來發現他只是用筆在紙上塗鴉，畫一些不明其意的記號而已。這到底意味著什麼呢？

誘導出「對方的話題」

法國道德學家拉．布呂耶爾說：「你尊敬別人，別人也會同等對待你。」

報紙或是週刊雜誌的記者在遇到目標時，有立刻做筆記的習慣，這是搜集資料的鐵則。但是事實上在搜集資料時，如果判斷「這個題材不能引用」時，就會裝出有在做筆記的樣子。

也就是說讓對方認爲自己在聽他說話，希望能夠引出眞正的重點。去看心理醫生或諮商顧問的人，事實上都有很多問題，一打開話匣子就沒完沒了，而且話題都有關聯性，因此必須做筆記。不過這只是最初而已。隨著諮商次數的增加，大都是說和最初同樣的話語而已，此時便假裝在做筆記。

據說，大部分的人只要看到心理醫生或諮商顧問用筆在記錄自己所說的話，就會提高對對方的信賴度。

一般而言，人在說話時如果受到注意，就會傾注心力發表言詞，而且對於熱心聆聽自己說話的人格外有親切感。

社會學家霍曼茲說明，這是因爲人越能產生相互作用就會越親近。

如果想要掌握關鍵者的心，或是想要傳送「我認爲你是重要的人」之訊息，以及想要巧妙引出情報的話，就必須養成做筆記的習慣。哪怕只是做做樣子，也能產生充分的效果。

14 凝視對方的效果、避開眼光的效果

……亞吉爾的問題

某位朋友，平常很會說話，被公司提拔到營業部工作，但是成績卻不如期待的那麼理想……

到底這其中隱藏著什麼心理法則呢？

「融洽」與「不融洽」的關鍵在於時機

舊約聖經：「賢者的舌頭在心中；愚者的心在嘴巴裡。」

雄辯不見得就是商業的武器，現今已是一種常識。在物質過剩的現代，能夠掌握對方的心是營業員的重點，所以不光是語言，同時要藉著身體語言，重視心理的相互作用

才行。

英國社會心理學家亞吉爾，他對於對話提出了以下的問題——

例如，兩個人談話時，互相微笑、交換視線，一方說話時，另一人就以贊同的視線看著他，這便是良好溝通的開始。如果說話者避開眼光，或者說話的人只是注視著對方，無法用語言建立關係，就會顯得非常彆扭。

在談話快要結束時，說話者抬頭以較長的時間凝視聽話者，而雙方的視線交錯時，說話者與聽話者就能溝通心意。如果這個訊息交換不順暢的話，談話無法達成效果。

如果想和對方達成良好的溝通，這一點是不可或缺的。

但是，如果聽話者拿起了一根菸來抽、或喝口水或是環視周圍，開始做除了聽話以外的動作，就不能忽略了。

事實上，這是對方在傳達「我也想要說話」的訊息，此時就要立刻讓對方開口。若是無視於這些動作，繼續滔滔不絕，對方可能會開始敲桌子、頻頻看手機、注意天花板或牆上的一幅畫，很明顯地做出不滿意的動作。

如此一來，別說是交談了，連人際關係都會搞砸了。

和重要的人士談話時，必須特別留意這些小動作，這樣對方才會認爲「和你關係融洽」，而不留下遺憾。

15 掌握心理的笑容與點頭的技術
……身體語言的應用

有一個面談的實驗。面試官在最初的十分鐘內對每個人用普通的方式點頭，接下來的十分鐘內頻頻點頭，最後的十分鐘不點頭，以這樣的方式進行面談。調查這些應徵者說話時間的變化，結果發現頭點愈密集，說話時間愈長。

你在聽別人說話時是否經常點頭呢？

點頭的作用

希臘哲學家齊諾說：

「造物主給予我們兩隻耳朵、一個舌頭。這是要我們多聽少說話。」

人在聽別人說話時常常會在無意識當中點頭，所以很少人在意這個問題，不過心理學家認爲點頭對於談話具有非常重要的作用。點頭就是要求對方「繼續說話」的訊息。說話者看到對方點頭，認爲對方了解自己的話，因此會繼續說下去。相反地，如果對方沒點頭，可能是不了解自己的話，會提高不安感，而慢慢減少說話的次數。

——開頭的面談實驗，即可證明了這一點。

受人喜歡的人，大都是很好的聽衆，而當好聽衆的第一步，就是從點頭開始。仔細觀察周圍的人和藝人等具有很高的好感度的人，發現他們很懂得高明的點頭法，用力地點頭、或是看著對方認眞地點頭、伴隨微笑友愛地點頭，或是隔一段時間就點頭等等，具有多種變化。

像這類的身體語言，雖然是很基本的事項，但只要花點工夫就能得到極大的成果。每個人都喜歡和容易說話的人說話，聽對方說話不僅能得到好的情報，同時也能掌握對方的心理。

活用笑容

巴斯克俗諺：「從來都不笑的臉，訴說著邪惡的心。」

與點頭同樣重要的「好聽眾的技術」就是笑容。

笑也分很多種，但是要提高親密度時，最重要的就是和大家一起笑。

大家一起笑的瞬間，能使以往的關係放鬆，形成非常祥和的氣氛，去除雙方的心牆，整個情緒能夠穩定下來，於是得以找出自己和對方感情的一致點。這樣能夠加強溝通，而且也是一頭闖進對方心門的絕佳機會。

因此，即使對方講的笑話不怎麼好笑，你也要儘量笑，而在對方回以笑的時候，不僅是笑的量，連笑的品質都可以提升。

在心理上，當你一直想著：好想笑、好想笑的時候，自己就能放鬆，同時也能使對方放鬆下來。

當然，盡可能地笑也有限度。毫無理由的笑不具意義，勉強的笑則會使笑容變質。美國有部紀錄片叫做「群眾中的一張臉」，其中有個場面是總統候選人藉著公關公司的專家之手，藉著照鏡子練習怎麼笑。這種努力十分重要。

16 呼吸的配合法……共通字典的原理

同樣的話語，因人而異，或因公司、職別的不同，意義也不同。美國經營學家H・昆茲將這種混亂的人際關係現象稱做是「經營叢林」。相反地，好的人際關係就能讓你順利通過叢林。你會不會在叢林中迷路呢？和重要對象的談話間是不是能夠建立一個只有某種話語，可以「通過」的語言關係呢？

如何應付對方的想法

有句俗諺：「再好的記憶力，也比不上白紙黑字。」

假如你和關鍵者進行「就是那個」、「什麼（？）」、「不是這個，是那個」這樣的對話，恐怕人際關係不會是很好。只有在「這個」「那個」、「是的」、「謝謝」的關係建立起來時，他才能成爲提拔你的人。

如果說因爲語言的溝通不順利，或是引起問題，就是因爲雙方都太過於執著自己的想法了。但是語言會因人、公司、職別層級的不同而有不同的意義。此外，因時因地不同，內容也會有不同。也許你的論點是正確的，但是不能夠執著於自己的論點，因爲經常會發生「原來是語言使用方式錯誤」的現象。

爲了排除這種情況，首先要正確地使用用語。你試著製作一本平常使用的專門用語集。雖是無意識的使用，但你會發現夾雜著很多外國語的略語、自己隨便造的語句、具有特殊意義的詞。

看起來是很麻煩的作業，但是我想當你還是新進人員時，一定會在筆記本上記錄一些業界用語或專門用語吧！就把它當作這種工作的延伸好了。

接下來的階段，就是製造一些與關鍵者之間能夠配合「呼吸」的話語。亦即要經常觀察對方在想什麼，重視些什麼，事先做好準備。藉著「這個」而產生的人際關係，會因爲有以往的努力，而變得非常牢固。

提高自我的方法

……印象原則

德國心理學家林格爾曼曾經做過「拉力」的實驗。一根繩子讓一個人、兩個人、八個人拉以進行張力劃定時，整體的張力隨著人數的增加當然會增大，而個人的張力反而是一個人爲六十三公斤，兩個人爲五十三公斤，三個人時減至三十一公斤。林格爾曼將這解釋爲「責任分散」的現象。

你從這兒如何引導出自己的行動規範呢？

讓人產生具有幹勁印象的走路方式

羅馬五賢帝之一的亞雷尼斯說：

「你一生所有的行動，都要當作是最後一次而加以完成。」

推銷行業有句格言：「不是推銷商品，而是推銷你自己。」顧客不是因為相信商品的說明書才購買的，而是相信營業員的人格才買的。

對於人的評價基準也是如此。別人不是因為你的語言魅力來判斷一切，而是以你的行動及整個過程來做判斷。業績固然重要，但是如果你平常的言行舉止讓人覺得不高興或不能信任的話，甚至連業績都會得到很低的評價。充滿幹勁的行動使人看起來強大。當你判斷周遭眾人之時，應該也是以個人的動作來看這個人的人品或能力吧！

如果想要博得對方的信賴或好感，首先必須注意自己的動作。先前已探討過說話的方式和服裝，現在就來談談走路的方式，請你試著用比現在快三〇％的速度走路。

成功者走路方式的共通點就是比普通人走得快，他們的走路方式就像在競走一樣，這種姿態彷彿在告訴周圍的人——

「接下來我要做很重要的事，我一定要成功！」

為了讓周遭的人產生這種強烈的印象，同時為了使自己有自信，從明天開始，你就要筆直地看著前方，採用朝著目的往前直進的走路方式。

最糟糕的就是要配合團體的步調。像前面的例子，人在團體中會變成「責任分散」偷工減料的嫌疑者，有心之士絕不會忽略這一點。

18 如果想要顯眼就要經常露臉

……薩安斯定理

美國心理學家薩安斯讓大學生看編號A～F的照片做實驗。看的次數是：A一次、B二次、C五次、D十次、E二十五次、F零次。然後再次看A～F的照片，詢問對這些人物的印象。看的次數愈多時，回答喜歡的機率愈高，也就是說成正比，所以C比B、B比A、A比F更多。

同樣的實驗用於與實際人物接觸時，也是同樣的結果。你是否會在重要的人士面前經常露臉呢？

受人歡迎的最高技巧是什麼？

英國哲學家約翰．洛克說：「我經常認為人類的行動是思考最佳的表現者。」

開頭的實驗意味著人與某個人物的接觸次數增多時，就會自動提高對這個人的好感，該實驗證明了人類具有這種心理傾向。這稱作「熟悉性法則」也叫「接觸效果」。人在習慣了見過幾次面的對象時，會預料到接下來會發生什麼事情，知道這個人不會加害自己，漸漸就能信賴這個人。

因此，如果想掌握重要人物的心，就必須經常露臉。愈是重要的對象，愈要找理由經常去見他。如果對方是同公司的，不只要和他見面，還要打招呼，不管談什麼都可以。「這條領帶很適合您」或是「今天的風好大」之類的話題不拘。總之，要增加接觸量，如果對方是公司外的人，可以利用電話保持密切聯絡。

不管是生意或者交際等經常受到對方冷淡的對待，但是絕不能面有難色，應該多到該公司拜訪幾次。只要熟悉性的法則奏效，你便能夠得到信賴，相信交情和商談就能夠順利進行。因為雙方都是人，自己的熱情當然能夠讓對方了解。一定要有鬥志。

但必須注意一點，如果第一印象不好，無法期待這種效果出現，也許對方會愈來愈討厭你。所以一定要重視第一印象。

19 雙方建立親密關係的計謀
……意外性的利益

一般而言，由於一種防衛自我的心理作祟，因此人都認為失敗是種恥辱，盡可能想隱藏。尤其在競爭原理發揮作用的商業社會，會有一種不願展現自己軟弱一面的強烈心理。當然這是必要的，但是要成功，有時擁有與別人不同的構思是非常重要的。有時候，誇大自己的錯誤也是掌握人心的技術呢！

失敗才能去除心牆

希臘悲劇詩人索福克雷斯說：「與其欺騙而獲得成功，不如堂堂正正地失敗。」

以前日本有「喝倒采將軍」之稱的政治家三木武吉，在選戰中反而利用喝倒采提高了人氣。關於日本敗戰後重建的問題，他正在滔滔不絕地雄辯時，某位女性叫嚷著：「三木武吉，像你這種擁有六名妻妾的男人，能夠重建日本嗎？」這時他回答道：「誠如妳說的，我是喜歡玩樂的人，和許多女性有來往。但我認爲這是男人的生存意義。況且這些女性年紀都大了，就好像老馬一般，如果我放棄她們，她們的生活一定很痛苦，因此我決定繼續照顧她們。對了，剛才妳說有六位，事實上——妳弄錯了，一共是有七位。」此時全部聽衆都拍手喝采，結果開票出來他當選了。

不管是誰，都有一種想要隱藏失敗恥辱的心理，但會誇大失敗的人，反而會讓人有一種親切感。因爲人性是：發現別人的錯誤、嘲笑別人，會感覺到自己的優越性。

所以說，有時故意犯錯，或公開說出來自己的糗事，也具有提高親近感的效果。

當然，雖說是犯錯，如果嚴重到會影響生意或傷害他人，那就要避免這種錯誤。

此外，因爲打破自己日常型態的失敗而覺得悲傷，從中也會產生出一種親切感。也就是說讓對方會感到「有點驚訝」的錯誤，反而有效。

例如，平常具有威嚴的課長如果對部下說：「昨天晚上我喝醉了，搭計程車回家，結果把資料忘在計程車上了。哎呀！如果被部長知道，那就糟糕了。」這種失敗談有助於和部下建立良好的關係。但若老是放蕩不羈的人說同樣的台詞，可能別人會輕蔑地認爲，「這傢伙，又來了！」

在這種前提之下，「不小心犯錯」是提高個人好感度的一種方法。

例如，你是數字能力很強的人，記錯電話號碼：「啊！不小心撥錯電話到您這兒來。您最近好嗎？」被認爲記憶力絕佳的人，不小心健忘一下，反而能得到朋友或客戶的認同。

在生意上看似能力優先，但是要加深人際關係，就要確認親切、人性化的一面，以及人格等要素的重要性。

20 發現意外的一面的交際術

……黃昏效果

將男女各三～四人關在一間狹小的房間一小時，觀察行動做實驗。結果發現在明亮的房間和黑暗的房間，行動完全不同。

在明亮的房間的男女，分開坐著，不會移動座位，也不會互相交談。但是在黑暗的房間的男女，最初坐在距離較遠處，接著同性之間開始交談，過了一段時間，談話減少，但開始移動座位。然後異性甚至會互相接觸身體，還彼此擁抱。

你和夥伴如何建立「擁抱」關係呢？

「夜晚有夜晚的規則」

波蘭有句俗諺：「夜晚有夜晚的規則。」

人在黑暗的場所，會產生容易和他人親密的傾向。

處在彼此互相不認識時的黑暗當中，不願意暴露自己的保護層會放鬆。因爲對方看不到自己的表情，所以希望自己看起來更美好的欲求便會淡薄，而變得比較開放。

這不只限於開頭所說的男女關係，同性之間或是年紀差距較大的人之間交往的情形也是一樣的。也就是說和白天完全不同的人際關係，從傍晚到深夜是存在的。

因此，如果你和重要人士或年長者興趣不合，那麼就應該邀請他參加夜晚的應酬。雖然在燈光明亮的小酒館也不錯，但是有時可以利用燈光昏暗的酒吧。而且步出店門之後不要立刻叫計程車，不妨邀請對方「咱們先走一段路吧！」並肩在夜色中散步。

雙方都可以看到對方與白天完全不一樣的一張臉，就能加強關係。

引出異性好感的方法

拉丁美洲俗諺：「你喜歡的女人不喜歡你；你不喜歡的女人卻喜歡你。」

如果對方是異性的話，由於人類會將生理興奮誤以爲是性興奮，因此可以利用以下的這個方法。

在美國曾經做過一項實驗，讓男性在走過危險吊橋之後見到女性。大多數男性都認爲這位女性非常有魅力，同時擁有性的關心。這是因爲度過吊橋的恐懼心導致喉嚨乾渴，出現心悸等心理變化，而男性誤以爲是性興奮吧！

此外，在從事劇烈運動之後看裸體照，調查性興奮程度的實驗之中，發現運動五分鐘之後，覺得自己「性慾高漲」的人最多。所謂五分鐘後就是生理上還殘留著運動造成的興奮狀態，而心理上則在這個時間帶會認爲「興奮不是因爲運動，而是看到裸體照造成的」。

在約會時可以使用這種方法。先邀請對方乘坐會引起驚嚇的雲霄飛車，或者利用運動產生生理的興奮之後，再來遊說。事實上，雖然是因爲恐懼心和運動的緣故使得心跳加快，但是對方容易產生一種錯覺，認爲你這時候「非常性感」。

即使是生意上往來的異性，巧妙使用這種手法，就能引誘對方產生一種微妙的心理變化，認爲「雖然只是工作上的往來，卻感受到性興奮」。雖不會達到戀愛的地步，但是可以建立親密的人際關係。

21 激起自尊的心理作戰……升降梯力學

心理學家勞遜和琳達調查：「偶爾聽到自己的傳聞，對於說自己的人會產生何種印象？」

傳聞的內容有以下四種：①「他是溫柔、親切、有魅力的人」，一直得到稱讚；②先批評「他是平凡的人，不會說話」，再稱讚；③始終批評；④先稱讚後批評。

最好的傳聞和最不好的傳聞各是哪一種呢？

比稱讚更快樂的感覺是什麼？

義大利畫家達文西曾說：「背地裡責罵朋友，但在人前要稱讚朋友。」

在開頭的實驗，給人最不好的印象的是④先稱讚後批評。先使對方的自尊心膨脹之後，再用針刺破，這是最大的打擊。相反的，給人最好印象的則是②先批評後稱讚。①的一直稱讚還沒有②的印象好，也就是說最初的批評整個話題具有客觀性，而事後的讚賞則帶有眞實性，較容易激起驕傲。

原則上傳聞儘量少說。因爲就算當事人說：「我只告訴你一個人。」也許事後還會對其他人說。此外，聽的人也會懷疑「這個人在別人面前是否也會說我的壞話呢？」對於人際關係而言，都會成爲毒酒。

但也不能完全不理會傳聞。該說話時就要「少批評多稱讚」，能夠使得被害程度抑制到最低限度。

人的嘴巴是關不起來的，因此可以下意識地利用這一點。如果想引起關鍵者A的關心，可以對接近A的第三者說一些「先批評後稱讚」A的話。最後發現你稱讚自己的A，相信不會不高興，這樣你就可以努力地接近他。不過第三者有可能只強調批評的話語，所以批評的內容要謹慎斟酌，即使被A知道也不打緊。

此外，有人經常會說：「這話我只對你一個人說。」但是你必須考慮話題一定會傳開的心理原則，應該改成「這件事情我先告訴你」才是聰明的作法。

好惡的深層心理
……暗示中和法

已故的日本演員三船敏郎年輕時是個演技不佳的新人，但是大導演黑澤明卻把他的缺點視爲一種奔放的優點，提拔他，兩人合作創造出許多膾炙人口的名作。你是否具有這種能把缺點看成優點的寬闊眼光呢？

當「討厭」變成「喜歡」時

英國劇作家莎士比亞說：「乾淨是骯髒，骯髒是乾淨。」

不管是誰，無論何處，都會有相處不來或很難相處的人。如果是私人問題，當然沒關係，但是如果是商業或生意，就不能夠置之不理了。

在此，探討怎樣消除別人的好惡，即使是難以應付的對象，也能夠和他好好相處的有效方法。

首先在心中反覆默念「不要在意某某」。

當對方非常驕傲的時候，就在心中反覆默念「不要在意他的驕傲」，討厭對方的遣詞用字時，則默念「不要在意他的遣詞用字」。

如此一來，對方所具有的最不好的印象，就會逐漸變淡，漸漸地你就不再在意對方討厭的地方了。仔細想想，沒有人的個性是能和自己完全吻合的，一定會有某些地方不合，不可讓這些部分成爲人際關係的絆腳石。

我們受到來自自己和他人太多的暗示，這種影響會增加感情或好惡的幅度。因此「不喜歡」就是一種負面的暗示，如果不停止這種暗示，就會變得眞的非常討厭對方。只要「不要在意某某」的簡單暗示，就能中和負面印象，同時具有將負面印象扭轉成正面印象的偉大力量。

要提高暗示的成果，在心中反覆默念非常重要。

藉著反覆默念，就能夠逐漸推動潛在意識。只要體驗過一次暗示的效果，則下一次潛在意識就能更快、更強力地發揮作用。

只和對方的優點相處

法國箴言作家拉・洛休夫克說：

「看任何人都不順眼的人，比起任何人看了都不順眼的人，更加不幸。」

「不要在意某某」的暗示成功之後，你就已經得到「不從一個人的缺點來看待他」這種對人心理學的成功法則的一半了。而更進一步就來探討巧妙運用對方缺點的想法。

心理學認爲優點和缺點是一體兩面。日本的黑澤明導演和三船敏郎的效果就是如此。此外，幾位培養新人而深獲好評的職棒教練也異口同聲說：「與其改善缺點，不如培養他發揮缺點的棒球技術。」

將他人的缺點調整爲優點的訓練，也可以當成是將自己的消極想法變成積極想法的訓練。有句話說「對方是自己的鏡子」，也許對方的缺點正是自己看法的缺點。檢討自己「討厭那個人的部分」的內容時，就可以知道具有這種心理的現象。也因此，有一位電影評論家曾說過一句名言「我沒有遇見過討厭的人。」——此話值得讓人深思。

23 突破人際關係的慣例

……慣例技巧

成功大學的某位教授，經常搭乘高鐵往返台南與台北之間，和鄰座的乘客說話，發現了和陌生人建立親切關係的祕訣。在坐下來的十秒鐘內決定勝敗。

當和對方視線相遇時以「台北好像下雨了」的溫和語氣說話，兩人之間就能順利地交談下去。但是同樣的一句話如果過了十秒鐘再說，可能會被對方瞪白眼，也會認爲「和奇怪的人坐」而移到其他座位。

在派對中，一樣要巧妙地掌握時機，和許多人說話。

「食場」比「職場」更容易掌握人脈。

法國作家杜克洛說：「要了解人類，只要研究自己就可以了。但是想要了解他人，則必須和許多人交往。」

根據調查，大部分的上班族一週只接觸十人以下，而且都是職場同事。也就是說會陷入一種「慣性人脈」，慣性人脈無法創造新的人脈。

但是要發現關鍵者，建立親密關係，必須盡可能擴展人際網路。

首先，擴大日常生活中的行動半徑。

例如，午休時或下班後經常去的餐飲店最好不要固定。當然，到熟悉的店中和熟悉的人輕鬆地談話也不錯，但是對於成功抱持野心的人，應該積極地踏入新的陌生的店，因爲在那兒一定有以往所不知道的情報。這樣的態度，對於你的人脈有正面影響。

此外，下午茶時間的談話對象也要富於變化。平常沒有來往的人，或是興趣不同的人，或是其他單位的人，都可以當成聊天對象。不論是誰，都會有自己所不知道的情報，從他們那兒可以得到有效的情報。

我之所以強調飲食場所，正如在他項中所提及的，因爲在心理上，人在吃東西時較容易被說服。

所以說「打招呼一年，吃飯三個月，睡覺一晚上。」這就意味著如果只是打招呼的關係，想要了解對方的心理需花一年的時間，如果一起用餐只要花三個月的時間，這點絕不可以忘記。

「口袋裡」要擺什麼

希臘悲劇詩人索福克雷斯說：「說很多話和在恰當的時候說話完全不同。」

想要建立人脈，到衆人聚集的地方很重要。

在美國，有許多城市會辦市民派對、學術性社團結合而成的代表大會，集合了律師、技術人員、醫生、營業員、銀行職員、工業團體職員等各種行業的人。美國的生意人和經營者，在此擴展人脈，掌握情報。一邊喝著酒，一邊公開談話，能夠掌握到很多祕密的情報。

因此，我們要注意業界的派對、展示會等情報交換場，最好盡可能撥出時間參加。

此外，自助餐式的派對也不錯，不但可以自由談話，同時增加認識陌生人的機會。但是，一般國人不喜歡和陌生人談話，和熟人又有聊天聊太久的傾向。因此，下次你如果參加這類派對，規定自己至少要和五個人以上談話，這樣才能增加你的情報量和人脈地圖。

當然，我們不習慣自我宣傳。就如俗話說「會咬人的狗不會叫」，我們習慣讓才能和才幹自然發光，但是這是擁有利爪的人的台詞，不適合用在一般的凡人身上。

聽說美國上班族平均一生會轉職三次，因此會絞盡腦汁填寫履歷表。美國人的履歷表，會花上數頁的篇幅詳細述說個人的學歷、教育訓練、資格、能力、業績等等。由於履歷表就能推銷自己，因此希望藉此把自己捧得更高些。

所以，有時候你必須停止「哎呀！我還不成熟」、「我無法擔當如此重大的……」這種傳統的謙虛的美德，要儘量地宣傳自己。

宣傳自己的時候，不光是要提高存在感和注目度，也要明白說出自己的能力，這樣更能確實掌控能力。

24 初次見面就能建立親切關係的心理學

……姓名效果

「我沒有什麼特別的祕訣。但是我在遇到別人時，絕對不會搬出我的慾望來。也就是說我不會搬出骯髒的心。例如，認識這個男子，我不會去考慮可不可以利用他，是不是值得接近的對象。就算他是有身分、地位的人，我也不畏懼；如果他是身分、地位較低的人，我也不會鄙視他。」這是日本江户時代的武州岩槻城的城主青山忠俊所說的話。

他在此訴說了什麼祕訣呢？

每當叫喚對方的姓名時……

戴爾・卡內基：「在耳中聽起來最響亮美好的音樂，就是自己的名字。」

青山忠俊是很會記名字的名人，所以開頭的這番話是當別人問他「你怎麼能記住這麼多人名？」時，他所做的回答。

人類心理有單純的一面，對於能記住自己名字的人，會直接產生好感。如果你向對方說：「上次謝謝您了。」對方卻回以「你是哪位啊？」這樣的對話，多多少少會覺得自尊心受損，甚至產生一種嫌惡感。相反地，如果你直呼對方的名字「文甫先生，好久不見了」，對方會很高興，而且對你抱持好感。

因此，參加派對時，要盡可能記住別人的姓名，這點很重要。等到下次見面時，如果你能叫出對方的姓名，便能與對方建立良好關係。

某間大飯店以高薪聘請了一位門房，因爲他能記住以往住過飯店的幾千位財政界名人的長相和名字。

拿破崙爲了鼓舞士兵的士氣，每天晚上三點都會巡視守夜的哨兵，而且一定可以叫出哨兵的姓名。這種直接的點名方式，的確具有很好的效果。

日本已故首相佐藤榮作，因爲記得在運輸省時代所認識的小車站站長的姓名，使對方非常感動，一輩子都成爲佐藤迷。

如果真的很不容易記住對方的姓名，該怎麼辦呢？

首先要仔細詢問對方的姓名（增強記憶力的印象）。

我們大都有種壞毛病，就是在別人介紹姓名時不會仔細地聽，而且就算聽不清楚也不會再問一次。可是如果你說「請問你的名字怎麼寫呢？」對方不但不會認爲你太失禮，反而因爲你這麼關心他而產生一種親近感。

此外，呼喚對方時也要叫他的名字。

歐美人談話時，經常會聽到，「彼得，你是哪裡人？」、「那麼再見了，愛莉絲小姐」，養成了習慣。從介紹時開始，到談話中、分手之際，都能反覆唸著對方的姓名，而且記住。

如此一來，即使是討厭的名字也能夠記住，而且一定能夠博取對方的好感。

25 能保持良好關係的人，不能保持良好關係的人……自我開示的交換

生意人的工作八成都是在建立人際關係。即使具有極高的能力、許多的資格證書、才華洋溢，如果被人討厭的話，就無法得到工作與生意。相反地，如果受人歡迎就能得到機會，即使能力不足，也會有人伸出援手幫你完成工作。「受人歡迎」本身就是一種能力、資格、才幹。

眾人疏遠的人犯了以下的禁忌

美國第二十八任總統威爾遜說：「無法交出自己的心，就無法掌握他人的心。」

不論是做生意或人生際遇，成功的基本就是受人歡迎。本章的末篇就爲各位整理出想要受人歡迎絕不可以犯的禁忌，以供參考。

1．不可以揭露他人的弱點或家庭的祕密等

因爲私人問題而傷害他人，一定會招致一生的怨恨。即使是與工作有關，也要避免涉及私事。刺中對方的缺點就好像是刺中自己的脖子一樣。不管在任何情況下，都不要忘記站在對方的立場，爲他人著想。

2．不說謊

有的人說「說謊是爲了方便」，因此將自己的謊言正當化；但是當別人對自己說謊時，卻會生氣。說謊可怕的地方在於一旦說謊，就會被貼上「不值得信賴」的標籤。此外，謊言一定會傳入知道當事人的耳中。

3．不要說會讓人感覺不快的話語

只要坦誠以對，就能加強人際關係。這也算是一種自我開示的交換。但是說真心話如果忽略對方的感情，直言不諱，則另當別論。有的人會發牢騷說「我只是講出事實嘛」，但是你一定要知道人是感情的動物。

4．不說阿諛奉承的話

稱讚和阿諛奉承，不可混爲一談。兩者的差距不是由你的話語，而是由你的心理來區分。如果說出能使對方產生共鳴和感動的話，就可以得到贊同；如果是想要利用對方而說出巴結的話，那便是阿諛奉承了。

5．不要過分好管閒事

要傳達的事項恰當地說出，和無用的饒舌完全不同。如果有三人以上會面時，要特別注意。不可以打斷對方的話題，在他人徵求你的意見時，先想清楚再陳述你的想法。要記住「沈默是金」——沉默的力量。

6．不要遲到

遲到也算是一種說謊。與人有約要養成「提前到達」的習慣，因爲哪怕只是遲到一分鐘，已經造成心理上的負面影響，對人際關係也會造成不利的狀況。

法國俗諺：「世間是由三種技術所構成的：學術、社交術、處世術。注意！第三者已經含蓋了前兩者。」

——其次爲各位列舉受人歡迎的處世術。

1．從共通的話題進入

尤其是談到工作的話題或初次見面時，要選擇任何人都能夠輕鬆交談的話題。這對於第一印象會造成極大的影響。

只要記住以下幾項，就不用擔心沒有話題，而且能夠輕鬆地交談。

興趣……「喜不喜歡釣魚，等魚上鉤很難熬吧？」

旅遊……「聽說你經常旅行，都到哪些地方玩？」

鄉下、故鄉……「哦！你是南部人？我也是……」

同伴、團體……「我有個朋友只是每天玩股票的工作喲！」

家族……「最近我的妻子迷上烹調傳統料理。」

運動……「你的體格眞棒，都做些什麼運動呢？」

季節、氣候……「哇！好熱！夏天最難受了……」

2. 提供情報

找尋對方想要的情報，適時提供，對方一定會對你另眼相看。他會藉著情報的質與量，來判斷你的能力與人脈。

3. 當好聽衆

人類都有表達慾，是想說話的動物。你可以滿足對方的這種心理。此外，人在開口說話時，比行動時更爲大膽，抓住人家的話柄總比被人家抓住話柄好。

4. 受邀到別人家中用餐時，不可以失禮

回程或回家之後，馬上發個訊息或打電話，表達自己的謝意。這不只給本人，也給他的妻子留下好印象，是建立親密人際關係的祕訣。

5. 會見他人之前一定要照鏡子

每個人都沒有辦法客觀凝視自己的樣子。很多頂尖營業員每天早上上班之前，都會對著鏡子做一種自我暗示「今天臉部表情很好，今天一切都會順利的！」進而提升成績。美國有位著名企業家即使喝得爛醉如泥，也會面對鏡子，重新拾回自我，表現出冷靜的態度。鏡子不僅能夠裝扮你的外表，同時也具有調整心理的作用。

CHAPTER 3

一切都要變成積極的構思

——逆轉思考心理

想要邁向成功人生，必須隨時讓自己的心理有積極的構思。

人生有各種「難關」：壓力、失敗、疾病等是外在因素；膽小、怯弱、不會說話等是內在因素。所謂成功者，就是能夠將這些難關變成提升自己的踏板的人。

要打好積極構思的基礎，必須知道自己的思考構造，然後只要將按下就能夠出現好答案的「關鍵」塞入其中即可。這絕非難事。

等到遇到事情，覺得「這樣繼續下去不是辦法」時，自己的心理法則就會改變了。

26 為什麼確信「能成功」就能成功？

……強運的公式

某家電視台專門負責新人歌手的製作人曾說：「每年在幾百位新人當中能夠獲得成功者，只有極少數的幾個人而已，但是他們有一個共通點，就是大家都會很有自信地唱歌。這不是歌唱得好不好的問題。」

你是否也能進入這一少數成功者的行列當中呢？

人容易沈浸在軟弱中

美國第二十八任總統威爾遜說：

「命運中沒有偶然。人是在遇到某個命運之前，就已經自己創造出了命運。」

首次登台表演之後從舞台上消失的人，會自卑地認爲「自己表現得不好」，懷疑自己「眞的能令觀衆感動嗎？」以這樣的心態表演，當然會被淘汰。也就是說這種心情影響了歌者的聲音、表情及整個氣氛，而無法展現吸引他人的魅力。

相反地，成功的歌手也許忘記歌詞，甚或走音，但是心中卻充滿自信，認爲自己必定受觀衆歡迎，「我的歌唱得很棒，大家一定會爲我拍手喝采。」因爲具有這種自信，所以深深吸引著觀衆。

像開頭所提的製作人也認爲成功歌手的條件正是擁有自信。還有一點就是「得到好歌」，但是好歌仍需由有自信的人唱出來才行。

——生意也是如此。

例如，在會議或談判桌上，以一種戰戰兢兢的態度，心想：「會被拒絕吧？」以否定心態來發言的話，內容會變得不具說服力。自身的表現軟弱無力，當別人提出反駁意見時，可能就無力招架了。

相反地，自己心中認定「這個企畫商品很棒，一定能夠得到讚賞！」很有自信的態度，即使遇到一些困難，在對方心中也已留下強烈的印象。

所以「能得到好工作」的人，必須自己創造好的要因。

也就是說，擁有積極的構思，走向積極的人生，首先必須要相信自己。

最大的重點就是，不要使用否定句。

經常聽一些失敗的人說話，「為什麼不行呢？」、「還是太勉強了！」、「這根本不可能嘛！」聽多了這些缺乏幹勁、否定的話語，會在你心中造成放棄努力、停止思考，將自己的消極態度加以正當化的不良效果。

不要把自己封在殼中。

不要認為「可能很好」而要認為「一定很好」

美國精神療法家J・洛曾說：「在二十五年前普遍有週期性壓力的現象。原本認爲可以處理，但是又出現了新的危機。現在則是普遍出現慢性、持續性的壓力。」

不使用否定句的人，具有很強的對抗壓力的能力。

壓力不只會使構思變得消極，同時也會造成肉體的損傷。

壓力會引起高血壓、心臟病、癌症，甚或某種結膜炎。

可是在現代生活中，幾乎不可能把壓力降低爲零。CBS電視台的董事長法蘭德里在別人問及「你有沒有得過神經衰弱症呢？」時，回答「沒有，但我是帶原者。」

那麼有沒有改善之策呢？當然有，那就是減少壓力。

有的人在別人對他大喊「笨蛋」時，會意志消沈好幾週，但是有的人卻把它當成一種鼓勵，反而更能產生幹勁。

也就是說，壓力量會因本人承受的方式而產生很大的改變。

當遇到討厭的事情或痛苦的場面時，如果你用「糟糕了」、「無計可施」等消極的字眼來考慮的話，會使壓力增大。如果使用「會變成什麼樣子呢？」、「風向應該會轉變吧」等樂天派字眼，就能減少壓力。請你記住這點。

作家田邊聖子的小說《等到九點》中，有一個使用「幸福的文法」說話的角色，不管什麼時候都不會說，「……應該很好，可是……」反而是說，「眞是太好了。」

如果你生病了，應該要想，「還好只是這種症狀。只要好好休息就能很快痊癒。」

27 要想「接下來一定會有好事發生」

……樂天原則

爲各位介紹某位政治家的經歷。「在一八三二年因選舉落敗而失職。翌年做生意失敗。到了三四年當選，但是隔年戀人死掉，三六年時得了神經衰弱。三八年的議長大選失敗，四三年無法成爲參議院候選人。四六年當選眾議院議員，四八年無法再選，翌年無法被任命爲土地管理官。五四年參加參議院議員選舉失敗。五六年無法被指名爲副總統候選人，五八年角逐參議院議員之職再度失敗。」——這個人就是亞伯拉罕．林肯。

持續失敗的他到底是怎麼做，才能夠提高自我，成爲美國歷史上偉大的總統之一呢？

勝馬的暗示，敗馬的暗示

法國細菌學家巴斯德說：「幸福只給花長時間準備，想要得到幸福的苦心者。」

很多人認爲上班族一旦失敗之後，想要收復失地是很困難的。難道「失敗爲成功之母」只是一句格言而已？

但是，檢驗一些成功者的人生，每次失敗時都會把這種經驗當作是一個跳板，反而朝著順利的方向接近。就像開頭的林肯便是如此，而獲得兩次諾貝爾獎的居禮夫人，也是在丈夫死後，經過無數次失敗的實驗，最後方得以名留青史。

同樣是失敗，爲何會產生這麼大的差距呢？心理的要因到底在何處？

其中一點就是「積極或是消極」。不可以因爲失敗而煩惱，或是把失敗常掛在嘴邊。不要忘記表現出積極的姿態。

活躍在第一線的頂尖營業員或是經營者、資本家、政治家、藝術家等人，都是從無數次的失敗中爬起來的。而這些人的特徵就是絕對不會把失敗掛在嘴邊。大家都會異口同聲地說「我的運很強」，你一定要留意這點。

如果你認爲「我已經失敗了，我是個沒用的人」，那麼這次失敗是眞正的失敗。如果你認爲「這是成長的好機會，相信下一次一定會有好事到來」，那麼失敗就會成爲「成功之母」。

將失敗化爲成功的第一步，就是在心中隨時擁有一個確定的目標。「現在該做什麼？」、「三年後、十年後希望變成什麼樣的狀況？」如果越明確，即使遭遇失敗，也會當成挫折而已，或是引導自己走向成功的指標。

這種「心理的安定」就能產生自信。

人生是一連串錯誤的實驗，因此擁有自信非常的重要。有時失敗反而能夠節省時間。換句話說，試行某件事情不順利時，能夠讓你盡早去除不實際的目標。

挫折是小估計

美國流通業之王培尼說：「即使我失去全部的財產也不會感到煩惱，因爲就算擔心也沒有用。已經盡自己最大的能力，將一切交給上帝來安排吧！」

人生有一連串的偶然。有很多情況是無法光靠人類的智慧決定的。我們的一生有太多不確定，不知道在什麼時候、什麼情況會遭遇意想不到的災厄。

但是把一切都交給命運，就有點像在說風涼話了。如此一來，遭到連續的失敗時，便會顯得懦弱。

即使前途一片黑暗，也不見得是完全看不到。

以交通意外為例，我們知道如果加快車速，便會使危險性增加。事先採取預防對策，就可以減少危險。充分做好檢查，下雨天或疲勞時不要開得太快。至於對方衝撞過來的意外事故，則必須藉著安全帶或安全氣囊保護自己。

有句話說「盡人事聽天命」，盡人事意指事先預想可能會發生的事，而謀求對策。也就是說，所謂的幸福，就是運用以往的經驗，對於可以考慮出來的事態積極準備的結果。

最重要的就是從謀求充分的對策中產生一種充足感。如此一來，即使自己的努力到了最後終歸失敗，也能立刻進行「心情轉換」，認為這是無可奈何之事，同時也成為帶來下一次好運的關鍵。

的確，在人世間是存在著幸運或不幸運，但是如果非自己的力量可以辦到的事，何必多煩惱，那只會造成心理的消耗。

成功是由努力和運氣，以及對於結果的想法來決定的。

28 這樣的「反省」只會喪失自信……振鳴效果

有種振鳴現象是說擴大器的音進入麥克風後，增幅之後，從擴大器傳出的音又進入麥克風裡……音在擴大器和麥克風裡循環，變化爲「鏗」這種刺耳的音。

如果你將同樣的失敗不斷增幅，心裡就會產生這種振鳴現象。

治療心傷最有效的方法就是遺忘

日本數學家廣中平祐說：「爲什麼孩子這麼活潑？而人類隨著年齡增長，會變得垂頭喪氣，一旦想什麼，立刻就會有對自己想法的反省出來擋路？反省就是用自己的能量打消自己的能量。天生具有的能量和進行構思的能量，直接加起來計算的話，

會像孩童一樣變得生氣蓬勃；但是加上反省這種負面能量，會使得好不容易出現的構思被抵消了。」

眞正的反省是：將失敗的事情全都遺忘，只把教訓牢記在心。

但是，人們往往會將失敗刻畫在心中，等到下一次出現類似的事態時，就會想起先前的失敗，不免心生恐懼「會不會再度失敗呢？」

在潛意識中已經先給自己一種消極的自我暗示，結果失敗果然再度出現，恐懼也是再次展開來……這就是心理的「振鳴現象」。如此一來，的確會阻礙自信。

所以，不要一味地「反省」失敗，要利用將其束之高閣的技巧。

「過去的事情再怎麼反省也無法重新開始」——擁有這種想法非常的重要。

過去的失敗全部遺忘是最好的，但是討厭的事情或重大的事不可能輕易地忘記，就算勉強想要忘記，反而會使失敗在意識中留下更強烈的印象。

所以，如果無法將所有的失敗忘記的話，記住一部分也無妨。

例如，商談的失敗可以只記住「價格不合」。

事實上，可能是因爲自己的說明不夠，或是文件出錯了，或是價格輸給競爭對手，雖然是有這些過程，但你可以統統忘記，只記住結果不順利就可以了。不要意識到大的錯誤，而要變成一種「不要在意」的記憶型態。

如果能夠有這種抽象的想法，自己的心情就會變得更輕鬆。

經常聽人說「禍從口出」，多餘的一句話可能傷害對方，發言的錯誤可能使得生意垮台，或與上司之間的關係更加惡化。相信大家都有類似經驗。像這樣的錯誤、失敗的經驗，當然要忘記，如果一直在意的話，會變得礙手礙腳的。就像路上有一塊石頭，如果不把它移走的話，可能會因同一塊石頭而絆倒好幾次。

所以，在心中就會不斷擴大出類似禁言的想法，一直注意到「這是不能說的」，反而無法掌握話題重點。

這類的錯誤只要寫封道歉信就可以了。對方接到你的信就會緩和不快感，對你重新評價，而你也容易整理自己的心情。

29 如果不行就重新開始

……放鬆法

某位著名評論家的演講會出現這樣的情況——一位聽眾不斷乾咳，使得評論家原本滔滔不絕的話語，突然變得結結巴巴起來。因爲這個咳嗽的人正是評論家的恩師，他不過是咳了一聲，評論家卻心生憂煩：「老師爲什麼咳嗽呢？是不是我說錯了話？」擔心得不得了，因此怯場了。

你會不會因爲這種心理作用而畏縮呢？

不可因為焦躁的心而使自己跌倒

美國詩人朗費羅說：「有時我們從失敗中，比從個人的德行中學到更多。」

即使是慣於演講的評論家，如開頭的例子也會怯場。一般的生意人遇到困難的交涉時，當然更會因爲緊張而怯場。

心理學認爲容易怯場者大都是十分認眞努力的人，具有強烈的完美主義傾向，不想讓別人看到自己失態的意識非常強烈，因此太過於緊張。

一般而言，成功意識能夠造成好的成果，但是，這種意識過強的話，反而會成爲失敗的原因。因此應該將這個意識的強弱調到適中的程度，讓自己在任何情況下都能配合自己的步調展現行動。

也就是說，心中有「想要成功」的心願，同時也要有「就算不行還可以從頭開始」的想法，便能產生餘裕，就能使行動順利發展。

這是心理的「再出發效果」，尤其對於容易緊張的人非常有效。

如果能夠輕鬆地想「就算無法簽訂契約，也可以從頭再來」、「若是順利的話，那就更棒了」，反而能夠提高成功率，甚至也可以減輕壓力。所以有時不光是「努力」，反而是「輕鬆進行」的精神，才可以引導成功。

但是，有些人無法輕易地放輕鬆，那該如何是好？

在心理學上有「人對於已經學習過的事，即使在他人注視下也能夠順利進行」的事實。所以做平常習慣的事情，在人前亦能擁有自信，不會失敗。

例如，演講經驗豐富的人，在結婚典禮上突然被指名致詞，也不會慌張失措，這與能力、才幹無關，而是因爲習慣了。

「積極的種子」要撒在何處

第一次南極越冬隊隊長西堀榮三郎說：「不可過分謹愼。」

經驗較少的人如果對自己說「不可以覺得不可能，一定能做得很好」，反而會提高壓力，遭遇意想不到的失敗。

但是如果你是不懂得重新出發的人，也不可以逃避在人前說話或交涉，反而要多歷練幾次，慢慢習慣之後就不會緊張了。如果害怕怯場而逃之夭夭，無法打破僵局。

此外，還可以活用一種心理法則「自信會變成寬容」。

我認識一位人壽保險公司的職員，他是一個非常積極的人，休假日照樣去上班，犧牲家庭生活，爲公司盡心盡力。但是不知道爲什麼，他總是很難出人頭地。

雖是優秀分子，但失望實在太多了，致使他下班之後，常常會借酒澆愁。

後來他痛定思定重新出發，開始努力想要考取中小企業診斷師的資格。這個目標成爲他每天的一大鼓勵，在生活上產生了幹勁，同時擁有一種具有寬容的人生觀，心想「每個人都有自己的路要走」。

兩年之後，他終於成爲中小企業診斷師，開始擁有「隨時都可以離開公司」的自信，反而比以前更能順利地工作。

在美國，白天擔任大學教授，晚上擔任酒保，過著這種生活的人很多。他們不是爲了家計辛苦，而是想要擴展自己的人生。

「眞的辦得到嗎？」與其過分謹愼，還不如不畏懼失敗地什麼都嘗試，才能產生一種重新出發的心理。即使失敗也不會失去生命，就算不行，重新再來就是了嘛！

30 耐打的條件……ESP思考

營業額急速上升、推出暢銷商品的美國企業，企畫發行一本調查銷售過程的書《執行者ESP》，也就是祕密調查企業決定負責人的結果，發現他們的意志決定有共通點。他們重視的不是過去或現在的資料，而是超能力的感覺。負責人在決斷時，重視的不是邏輯的思考，而是靈感或是靈光乍現。

如果你有負面資料，是否會因此而放棄成功呢？

將反對當成是獲得成功的武器

美國心理學家哥登說：「推出新事物時，必須覺悟到會暫時遭遇混亂或無秩序的狀

態。因爲人畢竟想生存在意義確定的語言和井然有序的方法論的世界中。」

三菱總研的矢野昇開發ＭＴ鋼時，最初公司內贊成的人只有0.5%。ＹＫＫ社長吉田忠雄說：「我不會等到全部的人贊成才做。等到全部的人都贊成的案子沒有衝擊性，況且等到所有人都贊成爲時已晚了。」

《執行者ＥＰＳ》書中也認爲具有爆發性的暢銷商品在企畫階段，可能全部的人都反對銷售，因爲市場調查和業界動向全都給予否定的意見，看起來不可能有任何業績。但是負責人通常會孤注一擲，認爲「就資料來看的確沒什麼好的數據，但是我願意負責試試看。」結果獲得成功的例子不少。

一些未知的計畫或構想經常都會受到嘲笑，承受壓力。但是仔細想一想，社會就是藉著「以往不曾發生的事情」以及「史無前例的事」才能夠前進。

在提出新構想之前，只要告訴自己：「雖然反對者衆，但是空前成功的機率也會隨之提高。」如此武裝自己是必要的。

德國哲學家尼采即說：「人類可以約束行動，卻無法約束感情。」

人類是感情的動物，經常是受到感情影響而行動，而不是理論或信念。即使自己認爲是正確、有希望的事，可能也會遭受別人的批判，如此感情受到刺激，結果就會失去幹勁，變得毫無自信了。

「會不會被嘲笑？」、「會不會被責難？」一旦這種壓抑的情緒在心中不斷擴大，即使是非常棒的構想，也無法說出口來了。

這種心理會成爲阻礙你成功的一大惡因。

所以在開會時，要反覆告訴自己「雖然反對者衆，但是空前成功的機率也很高」，蓄積心理的能量。養成這種習慣，別人給你的評價就是「很耐打」以及「貫徹始終」。

31 絕對不要去數失去的東西

……酸葡萄定理

伊索寓言中有一則「狐狸和葡萄」的故事。狐狸想吃葡萄，但是手搆不著，因此氣憤地說：「葡萄一定是酸的。」而後離去。

伊索寓言利用這個故事告訴我們，人對於自己做不到的事情經常會有一種酸葡萄心理。

你從這個故事中是否得到了什麼教訓呢？

敵人和自己都有自我意識

德國大文豪歌德說：「擁有自信，就能得到他人的信賴。」

在現代，利用這種「酸葡萄心理」使自己正當化的狐狸生活方式，值得給予好評。也就是說，對於自己做不到的事情，不必在那兒遺憾或反省，要對自己說「這不適合我」、「對我沒有好處」，這點很重要。

這絕對不是一種酸葡萄心理，而是能夠將自己的心理朝向積極的方向推進，算是一種鼓勵的暗示。

例如，向顧客推銷商品，對方卻買了其他商品。這時你不要感嘆著：「啊！我自己怎麼這樣沒有推銷能力呢？不管做什麼都做不好。」而要自我解嘲地說：「這項商品這麼好，是對方不能了解我的心意，眞是可惜。」只要擁有這種想法，就能使你今後的行動產生很大的改變。

自己的熱情與優秀、誠意，不見得能夠百分之百地傳達給對方知道，與其因此而不平不滿，不如誇耀自己以前做過的事情。這樣才會成爲一種積極的構思。

若是可以做到這點，對於人生或是生意都會有自信。

最糟糕的就是變得懦弱，雖然以客觀的因素來看並不是辦不到的，卻因爲主觀的想法而變得不行了。只要做自己該做的事情，不管對方的反應如何，都不可以失去驕傲和自信。

32 將失敗變為積極的素材時
……擴散效果

在心理學上有所謂的「擴散效果」或是「稀釋效果」。一件事物如果只由自己來支撐的話，會因爲承受全部的重量而感覺痛苦，若是分散給大家來承擔的話，便能減輕痛苦。

你是不是屬於喜歡身負重擔型的人呢？

不要以「我」，而要以「我們」的方式來思考

美國實業家洛巴特哈夫說：「無法得到別人幫助的人，不會有進步。」

闖紅燈是很危險的行爲，但是如果有幾個人聚在一起闖紅燈的話，就會減輕危險意

識而產生一種安心感。個人這種意識在大家一起闖紅燈時，變化爲「我們」的意識，也就是說形成一種「複數意識」、「衆人意識」的心理。

因爲轉化爲「大家都做，所以是被允許的事情」這種放鬆心理，可能導致官商勾結或是買春、賣春等違背社會規範的行爲。

但是如果能夠有效活用，就能減輕心理負擔，改變自己的性格。例如，心想「我的頭腦不好」，感覺情緒低落，可是如果轉換爲「我們人類本來就不聰明嘛」這種想法，覺得自己和其他人在同一個水平上，就能得到很大的自信。

舉另外一個例子，內向的女性生孩子之後，個性變得開朗，完全判若兩人，逃離了自卑感。也就是說，以往只對自己產生的過剩意識，現在已經將注意力轉移到孩子身上的同時，這位女性的意識隨著孩子的出生，而在不知不覺當中從「我」變成「我們」。

對於交涉和說服而言，這也是有效的辦法。與其說「我這麼想」，還不如說「我們這麼認爲」，或者是說「這是大家的想法」，較容易說服對方。如果能夠將「我們」轉換爲「你和我」的意思，就更能加深人際關係了。

33 多評估自己幾次……正負逆轉術

經常被引用來當成積極思考話題的故事：就是鞋廠將職員A和B派到開發中國家去。A打電話回總公司：「這裡沒有人穿鞋，所以賣不出去。」而B的電報上是這麼寫的：「這裡沒有人穿鞋，鞋子一定可以賣得很好。」

你是屬於哪一型呢？

不要成為愛批評缺點的人

法國箴言作家拉・洛休夫克說：「交往時，人大多是因爲缺點受歡迎而非優點。」

當然，開頭的A是消極的想法，而B則是積極的想法。在我們日常的生活中，到處都可以看到這樣的例子，而大部分的人都沒有察覺到自己是有消極的想法。

例如，在會議中，有人提出了構想，而意見大多集中在攻擊構想不好的地方。結果就是以「這不好」、「這裡有問題」等等的疑問和意見結束了會議。

而你自己開始數數上司和同事的優點、缺點。如果是缺點，立刻就會想出五、六個，如果是優點，想要列舉出三個以上恐怕就很困難了。換言之，你無法徹底展現具體掌握他人優點的積極行動。也就是說，如果你認爲「那個人是消極型的」。如此一來，也會讓你自己擁有了消極的思考。

對於事物的看法經常具有兩面性。因此，不管對象是誰、是什麼樣的事物，都有「缺點在何處，所以辦不到」以及「優點在何處，該怎麼樣才能辦到」等等消極與積極兩種的想法。經常擁有後者態度的人，可以說是培養了積極人生的成功習慣。

人只評價他人的優點、忽略缺點，才能夠使得人際關係好轉。

對於他人提出的構想，也要以積極的態度來看待，如此就能夠產生很好的結果。

你能舉出自己多少優點呢?積極的態度不只是對於他人或者是計畫，有時也可以加以善用，進行自我評價。

34 不論是自己笑或是別人笑，都會使得積極思考發達

……明迪斯公式

以生理學來說明，笑是這樣的：頸動脈膨脹，顏面肌肉形成運動的狀態，流入頭部的血液容量增加，因此血液成鹼性。另外，血液一旦成酸性時會變得神經質、焦躁，會出現容易憂鬱、不安、恐懼等不健康的情緒。所以血液一旦成鹼性時，對於身心而言，都是非常好的狀態。也就是說，光是製造出來的笑也能夠充分具有笑的效果。你一天會高高興興地笑幾次呢？

頭腦的發達與笑的量成正比。

英國政治家克雷威爾說：「人類是上天唯一賜予笑的力量的動物。」

構思敏銳、頭腦聰穎的人對於笑非常敏感。有的人會特意製造出笑的情境或狀況。亦即，經常保持幽默而且非常灑脫的人很聰明。因爲基本上幽默也可以說是產生構想的重要「逆轉的構思」。

也就是說，具有很好幽默感的人創造力豐富，對於事物的看法完全不同。作家明迪斯就說過：「幽默是從固定化的系統中解放出來的，同時也可以逃離自己製造出來的牢獄。在笑的瞬間，也就是從自我抑制達到解放的瞬間。」所以，藉著幽默可以使自己從一成不變的狀態中解放出來。

美國作家馬克・吐溫有一則著名的笑話：「沒有比戒菸更簡單的事情了。其證明就是我到目前爲止已經戒菸一百多次了。」也就是一種逆構思的典型。

有些人對於笑的評價比較低。「有什麼好笑的」、「這麼無聊的事情不要笑」等等，認爲馬馬虎虎的人才會發笑。但是在歐美卻認爲「認眞的人太無趣」。換言之，笑在歐美具有重要的人際關係的意義。

德國哲學家休彭哈威爾則說「多笑的人得到幸福，常哭的人變得不幸。」而在日本也有「笑門福自來」的俗諺。笑對於創造性或是構思、以及人際關係而言，具有非常大的效用。所以，感覺遭遇瓶頸的時候，即使不好笑也要大聲地哈哈笑出來。

35 訓練自己更大膽的方法

……想像訓練

戴爾升上副理之後突然胃不適而住院。逐漸好轉之後又開始惡化，經常住院、出院。理由很簡單，在人前不知道要怎麼說話，晉升的同時在人前說話的機會增加了。因此在預定進行重要商談的一週前，胃就會開始疼痛。

戴爾的症狀利用想像訓練治好了。「躺在草地上享受日光浴」、「在眾人面前流利地說話」。早晚兩次花十五分鐘在腦海中做這樣的想像。大約一個半月之後，胃的症狀消失，三個月之後，能夠在人前侃侃而談了。

使你的想像更具體

德國生化學家菲斯塔說：
「愉快的回憶，與環境的結合，是使頭腦不會老化的因子之一。」

身心的關係比我們想像的更密切。

心情好的時候工作順利、有好的構思出現。飲食和睡眠充足就不會感覺疲勞。但是，當心理狀態不良時，一切都會逆轉。懶得工作、無法產生好的計畫。沒有食慾、睡不好。人際關係惡化和工作環境的變化等一旦慢性化時，會遭受很大的損失。因此，必須盡早脫離這種心靈的惡性循環。

有各種的方法，隨時隨地都可以進行的就是使心理快樂的想像訓練。

美容師何小姐，一個月當中有二十天必須揹著放了很多沈重樣品的背包在全國各地奔波。因爲過度疲勞、失眠，弄壞了身體。醫師說「如果不停止工作無法痊癒」，但是她不可能放棄工作。

何小姐很喜歡溫泉，一旦泡在溫泉裡就覺得心情非常地平靜，而且擁有自己開設美容院的夢想。所以有人指導她「妳可以想像自己正在溫泉裡面優閒地泡溫泉」、「在自己的店前微笑」，要她進行這種想像訓練。早晚兩次，每次進行十分鐘，一個月內失眠完全消失，而且不管在什麼地方，三十秒以內就能熟睡。

想像訓練不需要特別的場所或是道具。只要選擇能夠集中精神的安靜場所，穿著輕鬆的服裝進行就可以了。

1・以輕鬆的姿勢坐在椅子上。正坐在地板上，盤腿坐也可以。

2・輕輕閉上眼睛，使頭腦空無一物。

3・盡可能慢慢地用力吸氣。然後慢慢地使肚子凹陷，同時吐氣。剛開始時一分鐘進行十次，習慣之後變成八次到七次。

4・數自己的呼吸「一下、二下、三下……」將意識集中於此。中途如果不知道數了幾下可以重新開始數。數到一百爲止，雜念就會消失。

5・在心中想像自己非常快樂的樣子。「業績比賽第一名」「正在郵輪上渡假」「在別墅裡和小狗狗跑步」等等，想像自己心情平靜、快樂的情景。持續一、二分鐘。

6・深呼吸三次，從頭到腳輕輕地撫摸全身。當冥想的緊張放鬆時，才慢慢地張開眼睛。

消除心靈疲勞的白雲想像法

美國精神法則研究家墨菲說：

「想好事就會發生好事。想壞事就會發生壞事。這是潛在意識的法則。」

想像訓練的應用就是愛荷華大學西班牙文教室所使用的「白雲想像」。以下的想像，可以每隔一陣子慢慢地展開……

1. 想像自己在暖和的日子裡仰躺在草原上，眺望著萬里無雲的晴空。
2. 你優閒放鬆地躺在那兒，覺得非常幸福。
3. 你會因爲看見美麗的藍天而覺得很快樂，一個人輕鬆地躺在那兒完全放鬆。
4. 在水平線上的另一端看見小小的白雲。
5. 你陶醉於明朗晴空中小白雲的純潔之美中。
6. 小白雲朝著你慢慢地開始移動。
7. 完全放鬆，一個人靜靜地躺在那兒，凝視著朝你慢慢移動過來的小白雲。
8. 小白雲朝著你慢慢地移動過來。

9・你享受著明朗的晴空以及小白雲之美。
10・小白雲終於飄了過來，停止在你的頭上。
11・完全放鬆，你享受著美麗的光景。
12・非常放鬆，一個人靜靜地陶醉於晴空中的小白雲之美。
13・現在自己變成了小白雲，你融入小白雲中。
14・你完全分散開來，變成膨鬆、放鬆的小白雲，自己非常的平靜。
15・現在你完全的放鬆，你的心完全的平靜。

——這個白雲想像方法，只要進行三~五分鐘，就能使心情平靜下來。

如果聽自己的聲音沒有辦法產生暗示，可以請別人將聲音錄在錄音帶中，使用錄音帶就可以了。

36 愈是不滿的人愈能夠靠著意外的構思生存
……發現問題法則

根據一項問卷資料顯示，「想辭去目前公司的工作」的人，占上班族的**80％**。但是，另外一項調查詢問「對目前工作似乎感到不滿」的問題，有**52％**的人回答「不是的」。

如果是你的話，會如何作答呢？

心中的憂慮傾向何處

英國政治家福克蘭說：「不需要做決定的時候，則必須不做決定。」

「沒有辦法做配合自己能力的工作」、「上司與部下之間的人際關係不順暢」、

「考慮到公司內的情況以及經營環境覺得將來沒有希望」、「雖然非常忙碌，可是覺得升職、加薪都不樂觀」——這些可以說是上班族共通的不滿。但雖是抱持著同樣的不滿，展現出來的行動卻有很大的差距。

杜飛二十九歲。以往在公司裡曾經和上司發生過好幾次的衝突，還說非常討厭這份工作。問他「你要換個工作嗎」，他則消極地說：「到目前爲止……只有在日前的職業上能夠展現能力，雖然想辭去工作，但是又做不到，只能藉著打高爾夫球和喝酒掃除心中的憂鬱。」

陳星三十六歲。和杜飛在同樣規模的企業中工作，對於公司將來的發展抱持強烈的不安感。問他：「你要換個工作嗎？」他則回答說：「就算換了工作，我想以目前的經濟環境到哪兒都是一樣的。與其如此，還不如取得某種資格，重新計畫人生。」

兩年以後，陳星取得不動產鑑定師的資格，轉到不動產公司工作。而且一年之後獨立開業。而直到現在，每次遇到杜飛時，他還是會發牢騷。會說被部下輕視或是上司的性格不好等等，持續著兩年前的狀況。

所以，對於一開頭的問題回答「想辭去工作」的人，你必須仔細想想不滿的「宣洩管道」。一直抱持著消極的情緒，是無法開闢成功之路的。只有轉換爲積極的欲望才能夠提升人生。

雖然感覺不滿卻說「這樣也不錯」的心理

英國哲學家米爾曾說：「比起滿意的豬而言，不滿意的人比較好。比起滿意的愚者而言，不滿意的蘇格拉底比較好。」

愛爾蘭小說家喬依斯最著名的話就是：「天才不會犯錯。天才的犯錯是故意的、是發現的入口。」——亦即天才故意做出一些奇怪的事情，才能夠開啓、發現創造之門。這的確是必須要深深咀嚼的話語。即使是天才也沒有辦法輕易地打破僵局。我們不是天才，我們是凡人，所以不必故意犯錯。即使不做這種事情，打破現狀的關鍵，應該就在工作和生活的不滿當中。

所以，對於一開頭的問題回答「不會覺得不滿」的人，可見得你有很大的問題。因爲你找不到改變現狀的關鍵。反過來說，你不是沒有不滿，而是只能用消極的手段消除不滿而已。

法國作家莫泊桑則說：「一直反覆同樣的行爲卻一點也不覺得討厭的人，是幸福的人。我們因爲這些事物而滿足，表示我們非常愚鈍，而且只擁有愚見而已。」

眞正的「不滿者」是全都不滿於滿足的狀態，對於現狀經常保持不滿，而且想要全力消除不滿的人。

更進一步地說，就好像是自己創造出不滿一樣。能夠以建設性的方式消除不滿時，就能藉著這種喜悅與快樂又開始找尋新的不滿。

反覆這麼做，才能夠使人生更加充實！

「滿足者」的心裡大多具有以下的想法。

人在潛在意識中對於新事物產生一種恐懼感。當這種危機感出現時就會滿足於現狀。產生一種「不想度過危橋，保持現狀比較好，反正自己沒有什麼大的才能嘛」的放棄以及沒有活力的心態。

這種錯覺的滿足感、錯誤的充足感會使得決斷力或是構思力遲鈍，成爲產生消極思考的根源。所謂「需要爲發明之母」，所以「這也想做，那也想做」，這種「好的不滿」是積極思考的基本。

法國思想家、文學家、歷史學家威爾提爾，一語道破這種狀況。他說：「沒有眞正的欲望，就無法得到眞正的滿足。」

37 目標使人生具有「力量」

……建立動機的要因

據說，井上富雄先生在二十五歲時就訂立了「人生二十五年計畫表」，揭示工作、學習、興趣、資產、家庭五大目標。而且，以一年為單位，為了達成年度目標，每個月應該達成多少中間目標等一日一日的行動計畫表，都規劃出來並加以實行。他在三十八歲時成為日本IBM的董事。但他認為這只不過是過程而已，希望達成最後的目標、成為世界的經營諮詢顧問，因此成立公司。

你能夠明快地看出自己人生的大目標嗎？

英國經濟學家巴傑特說：「工作的眞正本質在集中能量。」

井上先生建立「二十五年計畫表」的心情是這樣的。「剩下來的寶貴人生、一旦失去就不可能再回來的人生，每一天都不能夠掉以輕心地活著。必須要訂立長期人生計畫，很有耐心地持續進行下去。要體貼自己脆弱的身體，要使身體更健康。人生只有一次，要訂立到達目標，按照實行計畫紮實地實行。」

進入日本ＩＢＭ公司三年內，因爲肺結核而不得不過著療養生活，這個打擊使他開始認眞考慮人生之路。比計畫的時間更早，在三十四歲時就擔任人事部長，四十四歲時成爲常務董事，這都是因爲有以上的背景。

爲了對自己的人生完全無悔、過著積極的生活，一定要好好地進行生涯規劃，而且要拿出勇氣來實行。當然，即使訂立了大的夢想和目標或者是時間表卻不付諸實行，就好像畫餅充飢一樣，和一開始什麼也不做是完全相同的。

這就說明了「爲什麼而工作」的建立動機之重要性了。

你為了新的自己而工作

本田技研創業者本田宗一郎說：「不要爲了公司而工作。沒有人會犧牲自己爲公司工作或者是製造東西。即使嘴巴說得漂亮，但是人最疼愛的還是自己。因此，只要爲了享受自己的生活而工作就可以了。」

從早到晚拼命地努力工作，人生沒有任何的色彩。在公司裡得到高的職位才能感受到生存意義的人，有一天，突然發現自己懷著熱情、理想全身投入，到頭來卻成爲空無一物的軀殼，造成了「燃燒症候群」的就是這種上班族。

地位雖然很重要，但家庭和健康也很重要。如果不能實現自我，則只是浪費人生而已。失去了平衡，在不知不覺中，就會失去應付時代變化的彈力與對抗意外的抵抗力。

能夠享受工作，人生就會快樂，如果目前的工作有使自己生存下去的動力，就能夠實現這種快樂。在公司時，擁有「自己爲了新的人生而工作」的意識非常重要。

公司是讓你既能夠得到薪水，又能夠得到許多學習機會的場所。如果爲什麼（動機）、朝向何處（目標）這兩點非常清楚的話，可以從公司中吸收到很多的事物。公司方面也會尋求以這樣的態度工作的員工。

38 使強烈的目的意識具體化

……布里斯托的信念魔力

「你所尋求的，不管是金錢、健康或就職，什麼都可以。尋求東西成爲生活中燃燒的信念，一直持續下去，不可思議的事情就會陸續發生，一定能夠讓你心想事成。例如，如果你想要雜貨店生意興隆的話，那麼老闆在顧客進入店中時，就要反覆地默念『這個客人一定會買東西』。而這時老闆的心意就會和客人互通，湧現很好的話語和方法來進行說明或者是陳列，顧客就會去購買商品。這樣就能夠使得營業額增加好幾倍。這就是信念的魔力」。——這也是《信念的魔力》一書中的小部分內容。

你眞的相信自己的信念能夠實現嗎？

真正地鞭策自己

Zero-Six公司創辦者威爾遜說：「樹立極高的目標，擁有幾乎不可能達成的大願望，這樣就能夠為自己建立一定要達成願望的信念。這比在人生中平衡的生活方式更重要。」

要使人生得到成功需要努力、信念和運氣。但是努力或運氣大多是得到信念的支撐。所以信念對於成功而言是不可或缺的要素。所有成功的人都有強烈的信念。

開頭的引文就是美國暢銷書作家布里斯托對於信念的敘述內容，他的《信念的魔力》一書，在美國出版後，深獲全美的好評，也一直高據在排行榜的前三名。

布里斯托曾說：「如果你想要使用信念的魔力，只要準備三、四張卡就可以了。」而且他還教導眾人「坐在安靜的房間裡面，詢問自己想要什麼東西，如果有清楚的答案，用簡單的句子寫在卡上」。

「營業額提升五〇％」、「通過英文檢定考試」等等，有各種不同的目標。把它貼在桌前等可以看到的地方。而在其他的卡上也寫同樣的文字，隨身攜帶著。一天二十四小時，不論是清醒或是睡覺，在心中描繪出這種欲望，相信「一定能辦到」。

剛開始時也許沒有效果出現，但是慢慢持續下去，也許在出乎意料之處就會遇到顧客，就能夠明顯地提升學習效率。

此外，布里斯托還建議這樣的方法——「在自己的床邊準備好紙、筆，有好的想法時立刻寫下來。按照這個想法付諸實行，你的心中一定有想要的東西。而且，如果相信自己能夠得到的話，則願望就能夠更早達成。」

也許有很多人對於這種方法感覺到半信半疑。

但是，有幾百位美國經營者相信這種方法，而且付諸行動，獲得成功。你不要認爲這是「愚蠢的做法」，因爲它的確具有值得一試的價值。

只是偶爾會想到的一些茫然思想，不能算是一種信念。

所謂「信念」是經常出入頭腦中，化為現實行動的思想。雖不會經常考慮到它，但是潛在意識卻會記住這種信念，而且經常展現在言語、行為中。

心理學經常說潛在意識的力量非常大，而要將理性思考的信念深植於潛在意識中的方法，使用布里斯托的《信念的魔力》非常有效！

CHAPTER

4

提升工作實力的自我暗示威力

同樣的目標，以相同的工作時間，有的人非常辛苦卻無法達成，而有的人卻輕輕鬆鬆就能夠達成。你會不會誤以為是「才能的不同」而放棄呢？

事實上，工作所需要的記憶力、集中力、構思力等等諸能力並沒有很大的差距。正如俗話所說的「並不是因為堅強而獲勝，而是因為獲勝變得堅強。」所有勝敗的關鍵就在於心理要因。

成功的人在心中已經成功了，而只是實現了成功而已。

所以，要藉著自我暗示創造出這種心理。

例如，就算努力想要「記住」，但是人類的能力有限。與其如此，還不如暗示自己「不能忘記」。

做法很簡單、效果超群。為各位介紹藉著暗示而培養真正實力的方法。

39 【意志力】潛在意識決定能力

……自我暗示的定理

「人類需要知識、智慧、體驗和熱情，而更重要的則是心態。也就是心理的態度。心有何種想法？考慮些什麼？比個人的才能、努力更重要。」——這是精神法則研究專家墨菲的著名公式。所謂「成功」，最優先的因素就是相信自己能夠成功。不給自己自我暗示，則只是浪費時間的努力而已。

具體、明快地描繪出想要得到的力量

法國心理學家、自我暗示法創始者艾米爾・克耶說：

「每天、每天，我在各方面都變得更好。」

不論是誰，都有拿手、不拿手之處。進行自己拿手的工作就能產生幹勁，即使長時間持續下去也不覺得累；但是不拿手的事情，一想到不得不做，就會覺得非常痛苦。不過，以進行大型顧客的開拓爲例，如果在個人顧客的獲得以及售後服務等方面完全不進行的話，則很難拓展成功。

不要忘記現代的企業風氣是——能夠保持平衡的人才能夠得到好的地位。

造成拿手、不拿手的最大原因，就是因爲一點點的失敗或是先入爲主的觀念等，而使自己有一種頑固的想法，認爲「不會」。消極的暗示礙手礙腳，而阻礙了「想要去做」的意志。也就是說，不拿手的範圍是自己在心中建立出來的。

要克服這一點，必須根本上改變「勉勉強強去做」的心理習慣。所以，應用艾米爾・克耶的自我暗示是最有效的方法。

在開始做討厭的工作或是不拿手的事情之前，反覆進行自我暗示的話語就是——「自己漸漸地也能夠做得很好」。

方法這麼簡單，也許很多人會半信半疑。但是，暗示愈單純愈能夠進入無意識中。一旦給予暗示時，實際進行作業的心情會按照暗示的指示，能夠集中精神，提升效率。一旦實際感受到這一點之後，就能使暗示的效果迅速提高。如此一來，不拿手意識就能完全一掃而空。

暗示的話語愈具體愈好。例如，「英文變得更強」的說法，還比不上「更能記住英文單字」有效。我的朋友利用這個方法，在短期間內就提升了英語能力，半年內前往倫敦留學時，並沒有語言方面的問題。

不用太過於逼迫自己

莎士比亞說：「要攀登險峻的山，首先要慢慢地一步一步走。」

暗示的另外一個祕訣就是：不要太急於逼迫自己。

任何的暗示效果即使再大，也不可能一舉讓能力一下子全開了。

但那怕只是一點點的提升，所造成的心理作用卻非常的強大。因此，能夠從零到一，從一到二，從二到四……紮實地創造實力，而且長久持續下去。

例如，想要在公司內居於領先的地位，不要想到「要成爲第一名」，而是要擁有「進入上一階層」的構思。與其直接朝向大目標前進，還不如將與大目標有關的小目標盡力達成，才能夠產生自信，提高能力。

德國考古學家休里曼爲了實現「證實特洛伊戰爭的歷史性」這個少年時代的夢想，首先開始學習解讀古文書的語言。其次，爲了籌措發掘遺蹟的資金而投身於商業成爲富豪。最後終於達成了一生的大目標，名留青史。

所以，不要讓自己背負過大的目標，否則會產生焦躁感，反而失去自信。

慢慢地、踏實地進行，才是成功的基本法則。

40 【構思力】確立靈感的系統
……建立宣洩管道的法則

牛頓在散步時，看到蘋果從樹上掉下來而發現了萬有引力法則；
達爾文在奔馳的馬車中想起自然淘汰的原則；
湯川秀樹博士在床上想到中子理論；
阿基米德在洗澡時看到從浴缸溢出的水而想出了浮力原理。
你從這些歷史上的構思中，學到了什麼呢？

一次的成功成為決定的暗示

俗諺：「思考就好像挖井一樣。水最初是混濁的，但後來卻會變得清澈。」

靈感具有共通的法則。也就是①突然發生，②發生的構造不明確，③因為某種關鍵而發生。也就是說，在你拚命想要想出構思時幾乎不會出現靈感，但是在你放鬆緊張時就會出現了。例如——

①發呆的時候，②坐車的時候，③和別人說話的時候，④散步時，⑤聽音樂時，⑥閱讀書本雜誌時，⑦喝茶時，⑧運動或者是遊戲結束時，⑨洗澡時，⑩散步時，⑪睡覺醒來時，⑫釣魚時……就是這種情況。

先前心理學所說的「建立宣洩管道」，非常重要。

水流到大地上，會削開土形成細長的水路。一旦形成水路之後，水集中於此往前流。水路不斷地往下挖掘形成河川，最後變成大河。

人類的心理也是同樣的，一旦使用進行順利的方法過後，第二次使用就容易成功。第三次、第四次反覆使用時，就能夠使得思考流暢，形成這個人獨特的技巧。

這就是所謂的「建立宣洩管道」。而你也許在①～⑫的場面中曾經得到過好的構思，那麼下一次讓自己置身於同樣的狀況中，相信出現靈感的機率就會提高。

反覆這種行為，則最初偶然形成的狀況就會成為你獨特的「構思的環境」。

41 【構思力】腦等待觀點的改變

……大腦靈活法

據說「如果希特勒的身高再高一點的話，德意志第三帝國就不會有如此偏執的性格。」你是否有踩過高蹺，有的話，就會發現整個視野都不一樣了！換個觀點就能夠刺激構思。

你要怎麼樣改變「視線的高度」呢？

使頭腦清晰的「觀股法」

俄羅斯作曲家柴可夫斯基說：

「直覺是不會去拜訪懶惰者的客人。只有別人邀請他時才會出現。」

構思法的共通點就是「改變觀點」。

1．換個形狀會變成什麼樣子呢？

棒球的球以及娃娃、動物造型的橡皮擦，在發售當時令人驚訝。

2．加起來會變成什麼樣子呢？

拉鏈加入滑輪就成爲能夠朝兩邊打開的拉鏈，這就是成功的例子。

3．縮小會變成什麼樣子呢？

收音機去除音響後就誕生了耳機，以往桌上型的計算機變薄之後，就產生了卡片型的計算機了。

4．翻過來會變成什麼樣子呢？

將熱源在下的常識逆轉，把加熱器安裝在上面形成現在的電暖爐。

——這些例子說明了「改變觀點」，也改變了掌握對象的方法。

此外，還有物理的改變觀點方法。通常我們站立時，是以身高（約一米六到一米八）的高度看東西，但是，如果將身體彎下來，從兩股之間（兩腿中間）向後看事物的話，視線必須移到五十公分高的地方，則天地逆轉。從那兒看到的風景完全不同，能產生以往從來沒有想到過的靈感。

也就是說，利用與平常不同的姿勢，可以直接刺激頭腦。腦中有網樣體，能夠使腦放鬆或者是清晰，觀股法能夠使得肌肉暫時緊張，給予網樣體適度的刺激。

讓他人的智慧成為你的書架

經濟學家小泉信三說：

「人生中與其讀萬卷書，還不如遇到優秀的人物，這才是眞正的學習。」

改變觀點的有效手段之一，就是見到不同職業、環境、國家等的人事物。職業或環境能夠產生只有那個世界才有的獨特構思。但是對於在那兒的人而言，這些構思並不是特別珍貴的。

因此，如果和不同職業或環境的人交換構思，就能夠強烈地刺激創造力，同時也可以知道自己的世界需要什麼、缺乏什麼。

什麼也不做，只是一直在那兒等待，則無法得到好的靈感或構想。

將棋界名人木村永世曾寫道：「將棋的感覺並不是無中生有，而是經由長年的各種鑽研、學習、經驗，累積了各種要素組合而產生的瞬間結論。」

與他人相遇也是如此。穩定的想法、心意互通，不見得能夠產生好的直覺或靈感。見到很多人，和他們談話，聽他們的經驗，累積這些知識，就能夠產生敏銳的構思。閱讀的不光是讀慣的範圍，也可以廣泛地去閱讀不同的書籍。

哲學家蘇格拉底會逼問只以常識來思考的弟子們：「那是眞的嗎？那是眞的嗎？」他還說：「你們要知道，自己根本什麼也不知道。」能夠遇到很多的人和書，才能夠在日常中準備好蘇格拉底的構思。

採用消極、被動的方式去接觸他人，根本就是太不振作了。有的人說：「必須要去見別人。」而有的人則認爲：「能夠見到別人眞是太棒了！」兩人心中的感受完全不同，必須要了解到去見別人，事實上是豐富自己的內在。

英國哲學家洛克曾提出尖銳的批評：「世間並沒有很多一般人所認爲的不同意見。大部分的人完全沒有意見，只滿足於他人的意見或者是普通的傳聞。」

42【企劃力】構想要轉向不關心的範圍
……創造性的原理

橄欖球誕生地的碑銘記載「它無視規則，抓住球往前衝。」看似沒什麼意思的話語，卻深深地刻在石碑上。這是爲什麼呢？

打破兩種心理傾向

阿拉伯俗諺說：「習慣是一種第六感，支配其他所有的感覺。」

有句話說「新聞的相反就是一成不變」，其實在任何一個範圍都是如此，一成不變會成爲發展與成功的阻礙要因。所謂「一成不變」，就是所有的方法或形式等都不改善，造成效率不彰，沒有辦法達成新的進度或提升，而且已經習慣化的狀態。

心理學是這麼說的。給予問題時，我們會將過去的經驗與知識總動員來嘗試解決問題。但是，一旦問題解決之後，就打算節省思考，對於同樣的問題就想要以同樣的解決法來收拾善後。但如此一來卻會造成創造力和企劃力的萎縮狀態，這就是一成不變。

要言之，心理學認爲一成不變的兩個要因如下。

1．精神能量的節約

——依循既成的模式比開拓新方法更容易。

2．依賴既存的習慣

——藉著依賴既存的一切習慣就能得到精神的穩定。

如果你要打破一成不變，就要下意識地捨棄這兩種心理傾向。

世界上最早經營百貨店的美國實業家瓦納麥卡就指出：「要有捨棄舊有的方法是最好的方法這種想法。嘗試改善銷售，就好像蟬脫殼成長一樣。人也是相同的。」

一成不變的牆壁上有一扇「門」

法國思想家蒙田說：

「習慣是非常陰險的教師，它會慢慢地在我們內部深植它的權力。」

有二十個孩子。每六個人排成一列，要排成五列。這時的構思受到一成不變的影響有多大呢？關於這個問題，一般局限於常識和習慣的頭腦會想到六人×五列＝三十人，需要三十個孩子。那麼，你會做何種排列考慮呢？

詩人西協順三郎對於創造性有以下的敘述：「切斷近處之物，與遠處之物結合。這樣才能產生眞正的創造性。」正如這句話所說的，自己本身要切斷身邊的惰性或依賴，思考看似與自己無關的人、構思或者是模式的應用，打破一成不變。

這種說法有時會令人啞然失笑。就好像在橄欖球比賽中，頭一次抱著球拚命往前跑的少年一樣。但這才是眞正的創造。

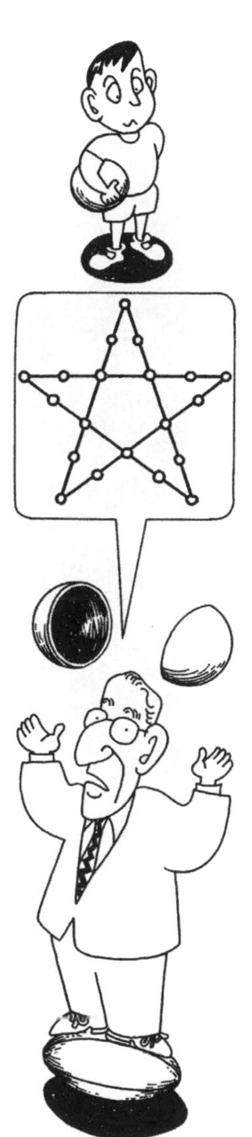

43 【記憶力】與其記住還不如形成一個不會遺忘的狀態
……約斯特法則

德國心理學家艾賓格哈斯說明人類記憶有①容易遺忘的部分，②不容易遺忘的部分這兩部分。①占整個記憶的三分之二，如果不復習的話，九小時以內就會等於零。而剩下三分之一的②，大約在一天或數天比較長的時間後也會逐漸變成零，這是經由實驗之後確認的事實。

在此有增強記憶力的啓示。

記憶的訣竅是九小時內背五次

法國箴言作家拉・洛休夫克說：

「很多人感嘆自己記憶力不好，但是卻不知道為什麼自己記憶力不好。」

數字、人名、單字等，做生意和學習必須整個記住的情報非常龐大。記憶力的增強是提升能力的基本。在此為各位介紹有效記憶的方法。

相信「只要反覆默背五次就不會忘記」，然後進行默背——這是約斯特法則。記憶的不二法門就是反覆默背。但是，反覆默背會過度消耗時間和能量，沒有辦法繼續往前進。約斯特法則所說的「五次」，是最適合讓記憶有效固定下來的數字。

所以最好的方法就是和開頭的艾賓格哈斯法則互相搭配組合來運用。在還剩下三分之二記憶的九小時以內反覆默背五次。

例如，早自修時背的英文單字，在通勤的車上或者是開始上課之前、午休、下午的下午茶時間、傍晚五點這五次，簡單地復習一下。不需要花太多的時間，只要看過去就可以了，這樣就可以記得很清楚。

最初的記憶如果超過了九小時以後，就算仔細地復習，恐怕也只能喚起記憶的三分之一部分，效率非常差。如果學會這個方法，工作和學習就不會停滯，而且記住的事物大部分都能夠輸入到頭腦中。

默背的時候，可以併用次項所說明的呼吸法，則記憶的狀態也會非常的完善。

【集中力】磨練精神的六大訓練

……止息呼吸法

呼吸與身心的狀態有密切的關係。呼吸通常是由自律神經自動進行的，但是卻可以由意識支配到某種程度。因此，一旦控制呼吸時就能調整自律神經的興奮。連帶使得內臟功能調和、情緒穩定。瑜伽能夠有效地將宇宙空間的生命能量（普拉納）、也就是氣吸收到體內，使得身心都能擁有充實的能量。不過，我們達不到這個地步也無妨。

湧現穩定的情緒

法國箴言作家拉・洛休夫克說：

「用過度誇張的方法想要保持健康，事實上是非常麻煩的疾病。」

熟習好的呼吸法，對於神經中樞會造成好的影響，漸漸地就能夠達到情緒的穩定以及全身自律神經的調和。瑜伽有各種的呼吸法。每一種都是非常簡單的「養生法」。

1.止息呼吸法　吸氣但不吐氣的呼吸法，也稱爲保息呼吸法。能夠提高氧的吸收率，有效地集中精神。在需要較多記憶時值得一試。

2.胸式呼吸法　呼吸時聽到喉嚨發出輕微聲音的方法。比止息呼吸法更能使氧的吸收順暢。使神經功能順暢、頭腦敏捷。

3.快吐慢吸呼吸法　急促、快速地吐氣，然後緩慢地吸氣之呼吸法。可以治療鼻塞，使頭腦清晰。

4.普通呼吸法　反覆一定數目的短促呼吸之後，深深吸氣之後進行止息呼吸法。與超能力的開發有密切的關係。

5.嘶音吸氣呼吸法　吸氣時從舌尖和齒間發出嘶的聲音吸入空氣。能夠淨化血液、增進活力，同時消除睡意，具有冷卻身體的效果。

6.捲舌呼吸法　舌頭捲成像管子一樣，從管子吸氣的呼吸法，具有冷卻身體的作用。在缺乏空氣以及水的時候可以產生耐力。

——這些就是基本的止息呼吸法，能夠得到深沈的集中力和放鬆。必須記住較多的事物時，吸入的氣息不要立刻吐出來，忍耐十秒鐘以上，精神會變得更集中。這是最適合記憶的精神狀態。

心與耳的重要關係

古羅馬帝國皇帝卡爾五世說：「要成為世界的主宰，先成為自己的主宰。」

呼吸法具有集中精神的效果，因此在記憶時或者是會議及交涉之前、學習的空檔，都可以進行。最適合的就是組合「完全呼吸法」和「制感法」。

在此，先說明「完全呼吸法」——

1・正坐或採用坐禪形式使腳交疊。用背脊挺直坐在硬的椅子上也可以。

2・充分吐出氣息。全部吐盡之後止息一～二秒，然後放鬆腹部的力量。這時自然流入鼻子的空氣使橫隔膜放鬆、腹部膨脹。但是不可以用力使腹部膨脹。

3・擴胸，將氣息吸入到胸的上部為止。

4・然後稍微吐出一些氣息，再止息一～二秒，再慢慢吐出氣息。吐氣時好像腹部陷凹似地全身擠出氣息。

——這個完全呼吸法能使血液循環暢、血壓下降、精神穩定，之後再嘗試制感法。也就是一種將容易朝向於外界刺激的感覺和知覺朝向心靈深處，變成不容易受到來自外界刺激的心理訓練。

1・用雙手捂住眼、耳，去阻隔感覺。

2・集中精神在耳中能聽到的聲音上。

——即使忙碌，只要花一分鐘的時間來進行，就能得到極大的精神集中效果。

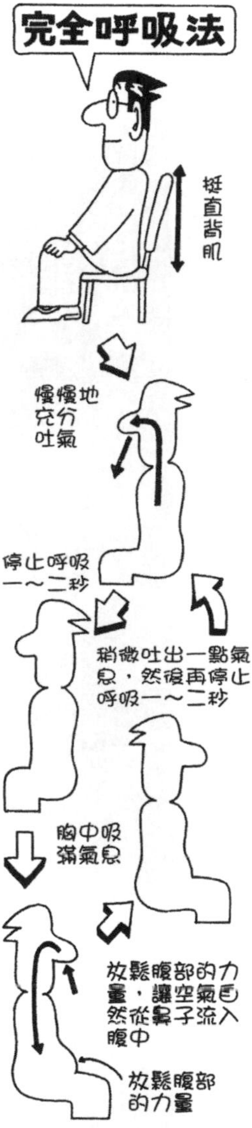

【語言能力】可以藉著零碎時間的組合而學會
……碎片效果

很多人學習外文，但有很多人卻說「沒有時間」而放棄了。但是，眞的必須每天花幾小時才能學會語言嗎？調查一些受人歡迎的教材，共通點就是每一句話大約才三秒～十秒鐘，非常簡短。這到底意味著什麼呢？

不用浪費心思規定時間

德國大文豪歌德說：「巧妙地使用，隨時都有足夠的時間。」

心理學上認爲短時間的反覆學習，對於學習外文最有效。

假設在日常會話當中，最低限度需要的單字有一千五百個，表現字有四百個。一年內要默背這些字句，量看似非常的龐大。但如果以一天來換算的話，每天只要背四個單字，一個句子就可以了。這是最低量，所以在狀況好的日子或者是有時間的日子多背幾個，那麼不到一年就可以達成目標。

如此一來，心理也會覺得很鬆鬆，藉著先前談及的約斯特法則，就能夠輕鬆地強化記憶。但是，同樣的量如果集中在週末背的話，則單字要背三十個，句子要背七個，這會造成極大的負擔，而且還要花很多的時間復習，容易忘記。

加以細分化，在短時間內反覆學習的優點還有很多。能夠有效的利用空檔時間。

一天要空出整整三十分鐘，對於忙碌的上班族而言非常困難。但是，如果五分、十分鐘的時間，應該是可以空出來的。乘車或者是等人時，或者是喝咖啡時。早上換衣服時看著掛在牆壁上的教材，或者是走路時利用耳機聽錄音帶，這樣的人很多。

只要集中精神去做，則想要製造出三十分鐘或一個小時的學習時間並不難。

意志力有限。所以應該將意志力集中在「持續學習」這一點上，而不是浪費在擠出時間來。能夠成功學會語言的人，就是活用這種心理法則的人。

46 【工作能力】愈是大事愈要細分為小事

……階段法

因火箭而著名的系川英夫博士，必須要在宴會中用大提琴演奏蕭邦的名曲「波羅奈斯舞曲」時，利用分割法來演奏。首先數波羅奈斯的小節，把握住一百二十這個數字。距離演奏會還有六十七天。去除最後總練習的一週剩下六十天，因此他計算一天要練習二小節。這樣五、六秒就能夠演奏出來。如果花二小時的話就能夠練習一百次。而且，爲了演奏這個困難的曲子，系川還併用另外一項功夫。

你知道是什麼功夫嗎？

從簡單到困難的效果

羅馬俗諺：「困難要分割。」

蕭邦的曲子，開頭的部分最難。如果從這兒開始練習會遭遇挫折。系川先生心想「總是要踏出第一步」，所以先找最輕鬆的地方，結果發現最後一小節只有一個音符，這樣當然就能夠演奏出來。頭一次的練習，只是噹地拉了一個單純的音就停止了。但畢竟是一個開始，這樣就能夠繼續往上爬。接著，再從剩下的部分挑選比較簡單的小節來練習，逐漸擁有自信，最後一百二十小節全部都能演奏了。

工作也有期限。

「雖然做得不是很好，但是能夠按照期限做完工作，與雖然很優秀，可是拖延期限才能完成工作，何者比較好呢？」對於這個自我啓發的練習問題，答案當然是前者。也

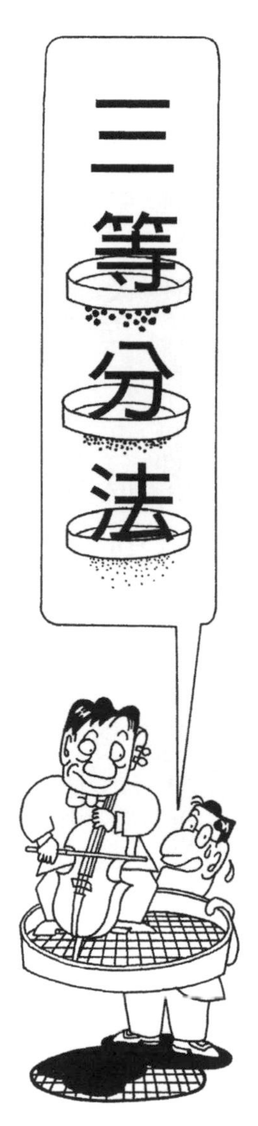

就是說，嚴格遵守時間，則優先順位會提高。

爲遵守完成的日期，而且提高工作的品質，我建議各位使用「三分法」。將工作分爲暫時結束、中間階段、眞正結束三個階段。

如果是單純的工作，整體可以採用三分法。全力以赴其中的一部分，達到暫時結束的期限。如果量比較少的話，當然就能輕鬆完成。其次，擁有「已經完成了三分之一」的自信，接著再向中間期限邁進。等到中間期限完成之後，就能產生「只剩下三分之一了」的安心感。

將工作單純劃分，要準備三種等分的方法。就好像是網眼較粗、網眼爲中型、網眼較細的三種過篩器一樣。首先利用網眼較粗的過篩器解決基本的問題，然後用利用網眼爲中型的過篩器解決比較細的課題，眞正仔細的問題，則必須用網眼最細的過篩器來解決——這樣就不會拖延期限，也能完全解決課題。

總之，龐大、複雜的工作都有支持安心感、有效消化的心理方法來解決。

如果擁有一次就要全部做完的心情，就會變得焦躁。可以用前項先談及的學習語言方法，將困難分割之後，就可以輕鬆地處理了。

47 【情報能力】使用右腦從重點開始閱讀書籍

……速讀術

某位經營者買書之後會分爲三部分。即應該熟讀的部分，只要看過一次當成資料保存的部分，以及只撕下有用的頁數而其他全部都丟掉的部分。如此一來，即使忙碌，一個月也能看三十本書。你擁有何種讀書術呢？

只花幾秒的時間就看穿是好書還是無用的書

德國哲學家休彭哈威爾說：「如果能同時買到閱讀時間，那麼買書是好事。」

如果光看書的標題沒有辦法選擇，那麼可以在店裡頭翻閱，這時有兩種祕訣。

1．看前言和目錄

要知道書中有沒有自己想了解的事情以及「不知道，一定要看到」的內容，以及是否是如標題所敘的內容、是否有資料的價值、是否應該全部看完，要藉著看內容的一部分來檢查。

2．看最想看章節的開頭內容

作者是否能深具要領地整理素材、內容是細緻還是粗雜、情報多還是少，都要一一檢查。我所感到興趣的內容，如果寫法（文筆）是即使閱讀後也沒有辦法進入頭腦中，那麼這種書我是不會買的。

這樣就能夠去除只會浪費時間和能量的無用書籍。當然，可能會忽略了一些「有價值的書籍」，但是朋友可能會建議你去閱讀這些書或者是在書店中再次遇到，到時候還是會回到你的身邊。

有用的話，只要看一行就夠了

羅馬博物學家普里尼斯說：「沒有比無法引出任何好處的書更惡劣的書了。」

讀書的方法有很多，基本上應該要了解「沒有辦法完全了解作者的想法，而且沒有這種必要。」亦即讀書的祕訣在於「盡可能迅速找出對自己有幫助的情報。」能夠一生反覆閱讀的書籍，就是利用這種讀書法的篩選選出來的。

因此，必須要有很好的讀書術。

1·再看一次前言和目錄，掌握書本眞正的主題以及想要閱讀的章節。

2·大致翻閱一下想閱讀的章節，掌握整體的內容。

3·熟讀自己認爲需要的知識、情報的章節。

祕訣的①、②，就是利用大致閱讀的方式來閱讀。是一字一句閱讀的方式，沒有辦法把握整體的效率。只要由負責直覺力和圖形認識力的右腦發揮作用就可以了。不看字只看圖，目光自然停留在自己想要的關鍵字上。這就是右腦讀書法。

而關於③的方面，則是能夠藉著左腦的邏輯思考、右腦的敏感發揮作用而吸收情報。一般而言，沒有效率的讀書是被動的方法。從第一頁看到最後一頁，但是無法掌握重點，頭腦無法發揮作用。

積極的讀書要使用右腦。如果能夠做閱讀筆記就更好了。

48

【腦力】不刺激頭腦會變得遲鈍

……防止廢用性萎縮

大腦生理學家林髞，也是著名的推理作家木木高太郎。他家裡有兩個角落，一個是專門進行林髞工作的學術性場所，另外一個則是木木高太郎用的氣氛非常詳和的環境。學者林髞對於作家木木高太郎，以及木木高太郎對於林髞都會產生好的影響。

你是否能夠儘量刺激自己的腦呢？

腦需要強烈的印象

德國詩人菲亞歐爾特說：「沒有比專家的心靈更狹隘的俗物了。」

人類的腦細胞過了二十歲後，一天會死亡數萬個單位，但是，細胞死亡還是能夠延伸、補充細胞的新迴路，機能不會衰退。所以創造力等，隨著年齡的增長會愈來愈強。最可怕的就是廢用性萎縮。如果不使用腦的特定範圍，細胞只會死亡，無法延伸新的迴路，最後就會受到無法復原的損傷。像住院時，肌肉長久不使用的話就會萎縮。大多必須藉著復健來使其復原，但如果長期不使用，就無法恢復原狀——腦更是如此。

平常我們覺得自己過度用腦，但事實上，大部分的腦並沒有使用到。例如，你是營業人，右腦的藝術、創造範圍以及左腦的計算、分析範圍，是否眞的能夠使用呢？

數學家岡潔說：「專家，很難對於廣大的世界產生關心。反而容易對於狹隘的世界產生關心。」

此外，國際經濟學家大來佐武郎也說：「如果想要敏感地掌握不斷流動的內外情勢，則必須要擁有不執著於專門知識的廣泛知識。除了自己專門的範圍之外，如果疏離其他的事物，會造成『知』的不平衡，沒什麼好得意的。」

如果你希望成爲一位專家，請你充分深思這些話語。如果你是企業總管，也不要局限於公司或業界的範疇中，要努力擴展自己的世界。

49 【腦力】精通頭腦管理者

……貝爾茲的發展論

以上班族爲對象做健康管理的調查。關於身體健康管理的問題，具有很大的程度差別，「在意的人」占97％。「不太在意的人」占18％，「完全不在意的人」只有3％。

而關於頭腦的健康管理，程度差則是「在意者」占4％，「不在意」有96％，出現完全相反的結果。

你屬於何者呢？

呆滯的腦與靈活的腦，用什麼來區分？

美國心理學家貝爾茲說：「科學家展現創造成就的第一巔峰是在三十五歲到四十五

歲時，第二巔峰則在五十五歲時。」

美國心理學家雷曼也說：「科學家的創造力從三十五歲到四十歲時達到巔峰。」先前也曾談及過，過了二十歲以後腦細胞會大量死亡，但是創造力和判斷力卻會隨著年齡而增強。這是為什麼呢？

人類的大腦皮質當中，掌管創造力和判斷力的額葉從十歲時開始發達，記憶力等過了二十歲以後開始衰退，這時額葉仍然持續成長。如果加以訓練，甚至超過八十歲仍然能夠成長。

也就是藉著頭腦的使用方式和管理的方法，能夠永遠伸展包括創造力在內的腦之「綜合力」。但事實上，整個腦的細胞數減少，如果不刺激，則即使額葉健在，整個腦也會衰弱。那麼，應該怎麼樣才能夠刺激創造力，使其伸展呢？

德國哲學家尼采曾說：「不要一開始就觀察新的事物，老舊的事物、老舊的知識也是要當成新的事物來加以觀察，才是真正獨創頭腦的證明。」這述說了創造的本質。

所謂「創造」，是製造出新的價值。但並不是無中生有，而是將已有的素材（知識或經驗）解體，重新組合而變成有用的東西。

所以，必須要擁有豐富的素材。

利用健腳法來防止健忘

誕生於蘇格蘭的美國發明家貝爾說：「不要一直走大道或是別人走過的道路。偶爾避開走慣的路，走進森林中，一定能夠發現以往沒有發現過的事物。注意到這些事物，從一種發現引導出其他的發現，則就能漸漸得到具有價值的東西。」

在M食品公司工作的傑克，每天上班時都走同樣的路。有一天，因爲道路施工不得不走另外一條路。結果如何呢？他看見非常棒的庭園。「這是誰家」，一邊想一邊走，在轉角看到漂亮的住宅，在玄關看到一位美女。「怎麼會有這樣的地方呢」，一邊想一邊通過，回頭一看，什麼都沒有。

原來是經常看到、認識的女性。再走回先前的庭園，發現與以往的風景完全相同。從此以後，傑克就經常改變通勤的道路。

詢問五百八十六位上班族：「上班時乘坐的車子以及搭車的時刻、座位，是否相同呢？」23％的人回答「幾乎都是相同的」，52％的人回答「對這些事情不關心」。

考慮到通勤狀況，也許不得不採用一種固定的通勤方式。但偶爾下意識地換個車坐坐，會發現一些以往沒有發現到的現象或光景。日積月累，就會使得創造素材增加。

希臘哲學家亞里斯多德曾說：「一邊散步一邊思考、討論，就能產生好的構思。」藉著走路給予腳的刺激，就能促進腦的活性化。

大腦生理學家久保田競也說：「使用腳有益於腦的活性化，而不使用腳的人則會加速腦的老化。」

其實，創造力就在你的身邊。

下次就提早一站下車吧，走一段路不僅會讓自己精神煥發光彩，你也可以在路上看到不同的風景、在櫥窗看到不同的創意構思。

50 【資格】是否有想要更進一步的積極心

……考試法

阿忠因為家庭的情況不得不放棄就讀大學，在書店工作，希望將來能夠獨立。他想，如果沒有經營理念就沒有辦法成為優秀的經營者，因此到簿記學校的夜間部就讀。一年以後通過了簿記檢定一級考試。雖然沒有大學畢業，但是他卻得到了稅務士的考試資格。於是他又更進一步地挑戰。

稅務士考試總共有五科，每一科都可以花五年的時間取得資格。一邊工作一邊學習，對於阿忠而言，「因為沒有用功的時間，所以能夠集中精神學習。」結束了八小時的工作之後，吃飯、洗澡後花兩小時，集中全部的精神進行有效的學習。結果花了四年的時間，他就通過全部的考試。

後來他到會計事務所工作了一年，之後，自己開設事務所，開拓了大約一百五十家的顧問諮詢，同時也擔任一家藥廠的總經理。

你能看出具有這種發展可能性的資格檢定嗎？

附加價值

拿破崙說：「即使有優秀的能力，但是沒有機會也不足爲道。」

喜劇之王卓別林認爲人生需要的是「愛、勇氣和錢。」取得資格的目的是能得到開拓人生的勇氣，同時也能夠使得金錢倍增。爲各位介紹提高自己能力的取得資格祕訣。

爲了成功，不光是要取得專門資格，同時也必須培養資格附加價的能力。

1．特殊能力

只有這個人才具有的特徵能力。以前要求的是各科都要達到平均以上，但是現在即使有一科在平均以下，可是特定科目能夠得到滿分的人，更能符合時代的需要。反過來說，如果沒有特殊能力，則會變成無可無不可的無能力者。

2．行動能力

一旦展現想要取得資格的欲望和行動，則能夠得到好評。但光是紙上作業毫無意義。必須要有能夠加以活動的行動力。

3．創造能力

在經濟及社會環境瞬息萬變的今日，具有能夠應付環境的彈性以及更具發展性的解決問題能力是比較重要的。資格雖是有力的武力，但是不可以因此而沾沾自喜，因爲現實並不是這麼輕鬆的。光是以資格當成武器的人，只不過是齒輪之一而已，相信在你身邊這樣的人比比皆是。如果狀況改變，恐怕就會被踢到一邊去了，像這樣的例子非常的多。這就是必須要有創造能力的理由。

建立強烈的動機

羅馬政治家基凱洛：「我的智慧是我最好的所有物。」

認識取得「資格」的意義（心理學所謂的「建立動機」）非常重要。

1．當成絕對必要的條件來取得資格

例如，律師、司法官等等，不具有這些資格就不能夠處理相關業務。

2．當成專職（專家）的必要要件來取得資格

例如，雖然法律沒有規定沒有資格的人不能夠從事翻譯的工作。但如果想要過著翻譯專家的生活，需要能夠客觀判定的能力證明。所以通過英文檢定考試或者是導遊資格，是成爲專業人士的第一關卡。

3．當成自我啓發的手段來取得資格

如果我們想要學習而沒有目標，很難起步。所以就算與目前職業沒有什麼特殊關係，還是要努力地學習。

那麼資格到底還具有何種效果呢？對於許多的商業而言能夠立刻發揮作用。

1．提早晉升

機械場M公司的專利課長周先生，在進入公司後第三年取得代理人的資格，翌年在人事異動中升爲課長。亦即資格成爲他晉升的關鍵。M公司強調實力主義，高中畢業取得一定資格，比大學畢業者能夠更早晉升，設定了這種「特別升格制度」。我想，這一類的企業今後還會持續增加。

2．加薪

某家銀行規定，一旦取得中小企業診斷師的資格，則每月給予一定的資格給付。此外，取得特定的資格，則給付獎勵金的企業也增加了。只要遞上資格，在定期加薪時連資格薪資也一併加以計算、支付的企業也很多。

3．自我啓發

爲了取得資格而學習，大半都會成爲一種很大的自我啓發。因爲要取得資格的積極態度，能成爲從事創造性工作的專家條件。

4．有助於轉業

轉業的重點就是成爲具有魅力的上班族。對於企業而言，有用的資格會成爲武器。

5．能夠幫助兼職工作

除了本職之外，還可以擁有與打工不同的另外一種本職。如果想要藉著兩種以上的本職增加收入，也可以取得資格。

6．可以當成副業取得副收入

某商事公司的杜君活用英文檢定考試的資格，而從事翻譯英文書籍的副業，結果得到與每個月薪資相同的收入。夫妻每年都會利用休假一起到海外旅行。

7．過著有意義的生活

在複雜的社會構造當中，我們都是一個個的小齒輪。但是在心中卻有無限的夢想。

如果沒有和無能力上司爭吵的氣魄，或者不具有抗議公司不合理狀態的力量，則在公司工作會變成一件很無趣的事情。如果取得有用的資格，隨時都可以辭去公司的工作。資格能夠使上班族增加工作的選擇性。

8．有利於獨立

根據某項統計，97％的上班族都會考慮要獨立，但是只有3％能夠成功。獨立，如果只是以含混不清的計畫來進行，非常困難。基本條件就是要擁有資本或者是取得資格。

9．消除生活的不安

資格除了能夠加薪之外，也可以藉著從事副業的收入消除經濟生活的不安。不論是公司倒閉或者是被解雇，日後對於自己都有利，能夠消除精神的不安。

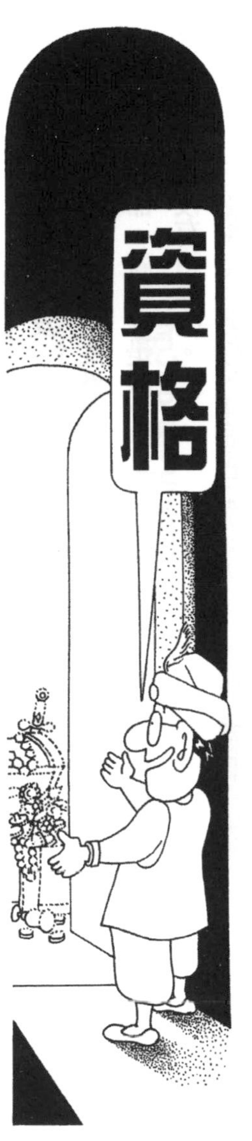

成功最討厭浪費，但是各位別弄錯了「浪費」，免得變成了斤斤計較的人。討厭浪費的意義是說必須在重要的事物上耗費心力，要集中精神、時間在必須要做的事物上。

我們經常被何者追趕呢？大多是被「忙碌」這個觀念所追趕。時間管理、自我管理就是巧妙控制自己焦躁的心理。不要讓預約排滿了整個時間表。

培養了時間管理的法則，就不會再發牢騷說自己「很忙」。一天二十四小時能夠配合你需要的時間，自然增加了二倍、三倍。

51 為何愈忙碌的人愈能工作

……拿破崙技巧

拿破崙是能有效地將工作交付給部下的名人。愈是重大的任務愈會交給工作很多、非常忙碌的人物。忙碌的人能夠巧妙地判斷優先順位，知道該如何組合工作，知道如何加以處理比較好。愈有空的人這種能力愈低，交給他也只是忙得團團轉而已。而拿破崙充分看清了這一點——你是忙碌的人、還是手忙腳亂的人呢？

你是「忙碌的人」、還是「手忙腳亂的人」呢？

希臘哲學家提夫拉斯特斯說：「最昂貴的浪費，就是時間的浪費。」

有很多人的口頭禪是「時間都不夠用！」律師、會計師、翻譯資格三冠王的黑川康正也認為：「有沒有時間不是問題，問題在於能否製造出時間來、如何製造出時間來。只要切實地想『想製造時間』，就能夠找出製造時間的方法。」

製造時間的具體方法之一，就是該做什麼事要有優先順位。如果有工作的話——

1．緊急度、重要度較高的工作
2．緊急度較高但重要度較低的工作
3．緊急度較低但重要度較高的工作
4．緊急度和重要度都較低的工作

——以這樣的方式，按照①～④的順序來區分是基本的方法。

此外——

1．自己絕對應該做的工作
2．自己可以做，但不是絕對要做的工作
3．自己可做可不做的工作

——以這樣的方式來區分，甚至不要去管③的工作。

在一天工作結束時，就必須分好第二天工作分量的優先順位。這樣就能產生心理的餘地。如此一來，即使「非常忙碌」也不會變得手忙腳亂。

52 浪費是心理的結果
……帕列托法則

某個公司因爲經營惡化，將近八成的商品都要中止生產。但是營業額卻沒有減少，他們成功地重建了。

這到底意味著什麼呢？

利用二成的工作達成八成的總價值

英國政治家狄斯雷里說：「小人把小事也當成大事。」

如果要毫無錯誤地排定優先順位來實行，就要了解一八九七年，義大利經濟學者帕列托所發現的「80對20的法則」。

也就是——所有的項目按照價值順序排列時，總價值的80％是來自於上端的20％。

舉個簡單的例子——

●八成的營業額是從二成的顧客那兒得到的。

●80％的生產額是由20％的生產線製造出來的。

●八成的使用情報是從二成的資料中取出的。

●80％的電話是特定的20％的人打來的。

●請病假的員工中，八成中有二成的特定從業員。

●80％的垃圾存在於20％的地面場所。

——各種情形都適用「帕列托法則」。

前項爲各位介紹過利用緊急度與重要度將工作分爲四種的方法，以及分類爲自己該做或不該做的三種方法。但即使分類，如果全都要做得很完善的話，就失去優先順位的意義了。要培養出捨棄低價值工作的態度來。而要集中能量和時間去做價值較高的上位20％的工作。這樣就能夠產生80％的總價值。

「帕列托法則」能夠提高工作效率，同時也能夠讓你從「忙碌」、「糟糕了」的強迫觀念中解放出來，培養出一種即使是龐大工作也能夠應付的心理法則。

把他人的時間當成是自己的時間來使用
……交付法

先前介紹的優先順位是①自己絕對應該做的工作，②自己可以做，但不是絕對要做的工作，③自己可做可不做的工作。①與③的優劣，不用我說大家都知道。關於②，不知道各位有什麼樣的想法？

即使忘記也無妨的安心能夠產生熱中的態度

美國石油大王洛克菲勒說：

「如果有人可以代替你做，那麼我會把難度更高的工作交給你做。」

開頭的答案應該是「在②當中接近①，自己做了之後有好處的工作可以去做，而其餘的則加以排除。」當然，③一開始就可以交由別人去做。

如此一來，就可以了解到，大多數的日常業務實際上都是不需要親自動手的工作。如果要寫出詳細的企畫書，或者是利用個人電腦取得情報，則可以文件的方式來處理，但如此一來，②中接近③的工作會奪走寶貴的時間。

而使用他人的時間增加自己的時間時，必須注意以下兩點——

一、就是①自己絕對應該做的工作，不管在任何狀況之下都不可以交付給他人去做。因爲必須自己完成的工作，別人一定沒有辦法有效地完成，如果做錯反而會受到嚴重的責備，或者是覺得做得不夠周到，自己又要來彌補，等到期限到了才勉勉強強完成工作，這樣會造成時間的浪費。即使產生時間的餘裕，但是也不可以做③的工作。必須要「將①再度確認一下」，絕對不能夠脫離價值較高的工作。

二、就是在交付工作的時候，要好好地說明意圖和做法。這時如果想要節省時間，事後可能會出現很多的漏洞。商業最討厭「即使我沒說明，你也應該明白」這種曖昧的情況。如果不說明，只是將工作交給對方，拜託他「你做吧」，事後才說「這樣做不行啦」，恐怕爲時已晚了。一定要仔細而且告知期限，再將工作交給對方去做。這樣就能成爲「那件工作已經可以忘記了」的安定心理根源。

54 在覺得有趣的時候就要中斷工作……塞加尼克效果

我有一位朋友認為，在閱讀自我啓發的書籍，看到有趣的部分時，就要趕緊將書闔上，過幾天之後，再從這個部分開始閱讀，這樣就不會忘記書本的內容。

心理學上也確認這是提高記憶力、集中力的方法。

你在工作方面是否屬於一氣呵成型的人呢？

留下再翻開來看的心理期待

英國政治家湯瑪斯．馬克雷說：「學問並非一蹴可及，而是慢慢進步。」

日本著名的語言學家、評論家、文學家外山滋比古曾說：

「看書的時候，興趣有高低起伏。感覺非常有趣的時候，繼續看下去，漸漸就會到達感覺不是很有趣的部分。過了這一段部分之後，又開始感覺到非常有趣。感覺疲倦時，就要在山谷處中止，其他的明天再看。不過，結果永遠不再看這本書的情形也不少。所以沒看完的書常堆積如山。

「閱讀的祕訣就是不要在低潮處（山谷處）停止，要在高潮處，也就是山峰處暫時停下來。因爲接下來的內容非常有趣，會有還想繼續看下去的心情，這時要趕緊將書闔上。這樣就會製造出再次打開書來看的關鍵。相反地，如果覺得索然無味而把書闔上，由於書本身缺少吸引力，漸漸就忘了要再看這本書，也就是和書永遠地訣別了。」

一般而言，如果在情緒高昂的時候中斷事物，較容易持續集中、記憶。這現象稱爲「塞加尼克效果」是由俄國心理學者提出的。

工作也可以應用這種效果。我們通常是用時間來劃分工作，但是應該在感覺有趣的部分暫時停下來。尤其是同時進行幾項工作的時候，這個中斷法非常有效。

也許你會想「在感覺有趣的部分根本不想停下來」，但是工作的興奮持續下去的話，恐怕沒有辦法一直長久持續下去。反而是留下一種「從最快樂的部分再度展開」的心理期待，才能夠使得興趣持續下去。

因區分法的不同，時間的密度完全不同

……金布爾定理

美國心理學家金布爾曾進行過一項實驗，將英文字母倒過來書寫，保持一定的休止時間或者是更換各種的作業時間來進行。結果發現短時間的區分作業比長時間的作業更能夠提高學習效果。

你如何應用這個法則呢？

只要有幹勁，花幾小時去做也無妨的錯覺

蘇格蘭醫師斯馬爾茲說：

「要立刻做完許多工作的最快速方法，就是一次只做一件事情。」

前項爲各位介紹，在感覺有趣的部分中斷工作或學習的方法。不易做到的人，也可以採用將作業仔細區分來進行的方法。

心理學有觀察思考集中度的方法，稱爲作業檢查法。以三十幾歲的主婦和上班族爲對象。調查進行某項作業的效率，結果主婦花十五分鐘完成的作業，上班族卻花了四十分鐘，其效率連主婦的一半都不到。

例如，教材類，與其一口氣看完還不如納入休息時間來閱讀，較能增強記憶力。具體而言，集中作業二十分鐘以後休息十分鐘，再繼續作業二十分鐘比較好。人類的集中力只能持續二十～二十五分鐘。雖然有的人會說：「不，只要有幹勁，即使持續幾小時也無妨。」但這是錯覺。因爲這時頭腦疲勞，效率減退，根本無法認清一切。

到底要以幾分鐘來區分作業呢？依個人集中力強度的不同而有不同。

重要的是，不要勉強縮短或是拉長時間。

ＮＨＫ認爲「如果長時間的節目在中途加入廣告，觀眾可能會轉換頻道，反而不利於節目。」但是ＮＨＫ這種不加入廣告的做法，反而讓觀眾沒有辦法長時間集中精神在電視上。所以，適度加入廣告反而更有利。

電視或是廣播電台的節目與廣告的間隔，大多以十五分爲單位，這是忠實遵從心理法則的作法。

56 如果分別使用「兩個自己」

……複線化的效用

有的人認為一次做兩件事情可以一舉兩得，但有的人卻認為追兩隻兔子，到最後連一隻兔子都得不到；也有的人認為如果不精進於一件事，則無法得到大成。

你的看法屬於何者呢？

忙碌、毫不浪費的幸福人生

德國作家坎比斯說：「能成一事者能成多事。」

「複業」是指除了本業之外，還另外再做一份工作。

這個想法和副業或者打工是完全不同的。

因爲薪水比較少，或者是有貸款壓力等經濟情況的背景，趁著在公司工作的空檔兼差賺取副收入是副業。也就是對本業而言，它是一種副業。所以，要選擇在短時間內能夠賺取金錢的工作爲其特徵。

但是，「複業」並不是把公司的工作當成本業。可能是計畫未來或者是爲了實現自我，而有一個長期計畫的背景，爲了擴展自己的可能性而從事複業（第二種工作）。兩種都是「本業」。因此，剛開始也許賺不到錢，但特徵是選擇自己想做的工作。

在嚴苛的時代中，很多人會感嘆「公司不好」、「經濟政策不行」，但即使進行這些批判，也沒有人會來幫助你。所以，問題在於根本沒有辦法應付這種狀況的自己。有句成語說「臨渴掘井」，等到事情迫在眉睫時才準備，已經爲時已晚了。所以，在自己的地位還安泰的時候，爲了以防萬一，必須要事先計畫。

其中一個回答就是複業。實行時需要堅強的意志。但如果考慮到自己的將來，就會感覺到這是很有意義的事情。

並非單線使用時間，而是複線使用時間的複業想法，可以當成長期時間管理來加以檢討。即使時代、社會不好，但是能發展的人還是能發展。人生就是長距離賽跑。

收集零零碎碎的時間
……四角時間活用性

《人生論》的著名英國作家貝尼特，認爲時間的使用方法是：「一天就好像皮箱一樣。有技巧的話，裡面可以塞兩倍的東西。起初不要把東西擺在正中央，從四角開始，避免占空間，儘量地填塞，最後再塞滿正中央。這樣就能夠完全使用四角的時間，絕對不會浪費，你的一天也可以增加爲兩倍。」

你的一天二十四小時是如何增加的呢？

工作、學習不要選擇場所

法國道德家拉·布呂耶爾說：

「最不懂得使用時間的人，就是對於零碎時間發牢騷的人。」

如果把時間管理當作是填寫時間表，那麼一天二十四小時的時間絕對無法增加。活用間隙的時間才是引導人生成功的時間管理眞諦。

例如，走路時要花十分鐘，等候時間爲三分鐘，下午茶時間五分鐘，如果茫然度過的話就沒有辦法收集這些零碎的時間。可以在這段時間內寫張備忘錄、打電話給客戶，大部分的雜事利用這種零碎時間來處理，就能夠提升工作效率。如果你打算利用這些零碎時間來學習，那麼在幾個月當中就能夠賺取好多個小時。

上智大學教授酒井洋，是由以下的方式來使用等待的時間。

「我經常塞一些便條紙在口袋裡。沒事就寫一些俳句、川柳等短歌。從與他人的談話或報章雜誌的標題中看到値得留在記憶中的事項就寫下來。就好像是雜記本一樣。

「其中我認爲最有幫助的就是外文的學習。年輕時想學習中文，而我利用時間的方法如下。也就是在口袋和公事包裡擺著『和漢辭典』。透過身邊的事物或是與人談話時的話題，只要是有關係的字眼就會趕緊查字典，然後抄寫在便條紙上，反覆練習十次。只要花三分鐘就可以記住一個字。大家都能辦得到。三十分鐘就可以記住十個字了。」

掃除糊塗時間的檢查表

按國劇作家魯納爾：「不會浪費時間的只有時間而已。」

要防止浪費零碎的時間，評論家桑名一央列舉的表如下——

□是否一直窩在床上呢？
□沒做好明早的準備就睡覺了嗎？
□離家出門時還會花時間找東西嗎？
□到達自己的座位之後，會浪費時間和同事說一些無聊的話嗎？
□會因爲宿醉或者是睡眠不足而頭腦茫然嗎？
□到了公司之後會花太多的時間看報嗎？
□工作時會不會偷懶呢？
□會不會以沒興趣爲理由，浪費了很多時間之後才開始工作呢？
□會不會因爲沒有思考順序或方法就開始工作，結果爲了重做而浪費更多時間呢？
□會不會因爲準備不足而在工作時摸不著頭緒呢？

——其中是否有幾項符合你呢？

58 學習要在「電車書房」中進行

……帕布森法則

最多的零碎時間就是通勤時間。例如，一天三十分鐘的通勤時間，一年就有一百八十二個小時，如果是新書就可以看六十本了。你會以何種目的集中精神在這寶貴的時間上呢？

時間不足是智慧不足

英國文學家史蒂文生說：「短暫的人生，會因時間的浪費而變得更短。」

麻省工科大學教授、統計學權威帕布森，曾提出「一天花一小時學習，一年就會成為一種專家」的「帕布森法則」。

例如，工作非常辛苦，但是卻通過稅理師考試的A君，其方法如下。

能夠學習的時間只有在回家之後，晚上九點開始的一個小時而已。因此，他把通勤的火車當教室來活用。每天從家裡到公司大約要七十分鐘，他就利用這些時間閱讀專門書籍，中途如果能夠確保有座位的話，就更能提升效率。僅僅兩年，他就達成了目標。

因此，會認爲「帕布森法則是理想論，我有工作沒有辦法做到」的人，並不是「時間不夠」，而是「沒有智慧」。

我曾再三說明，如果能夠活用包括通勤時間在內的零碎時間來達成目的，則任何目的都能達到。

詩人陶淵明曾說：「及時當勉勵，歲月不待人。」要製造出時間，首先要認識時間的價值，在腦海中經常想著「自己目前做什麼比較好」。

希臘的克里梭斯特姆斯就說過：「不要說打算明天早上再做。因爲到了早上你不可能會完成工作來的。」

所以，想到明天的人絕對不要浪費今天。時間就是在這種心態中製造出。

度過早晨的方式太放鬆了

……朝型人生的利益

人類的體溫在早上清醒時突然開始上升。從下午二點開始降低，到了深夜二點時降到最低。我們的身體，應該是上午工作、下午休息、晚上睡覺的構造。

你有沒有早上睡懶覺的習慣呢？

早上的錢包中塞滿了新的二十四小時

德國大文豪歌德說：「早晨的時間帶有金幣。」

歌德認爲：「人生是一天的累積，而一天的開始則是早晨。也就是早晨清醒之後覺得非常清爽的話，那麼這一天都能快樂地度過。每天都持續這麼做，自然就能過著快樂的人生。」

具體而言，「如果想要有效使用一天的時間，則不管在任何情況下，早上起來之後立刻起床。不可以一直窩在床上。」這就是告訴我們早起的重要性。

醫學上證明，同樣時間的睡眠，則晚上十一點就寢、清晨五點起床，比凌晨一點就寢、第二天早晨七點起床更健康。

重視早晨的時間才能夠獲得成功。歐洲的俗諺也說：「如果損失早晨的一小時，一整天都要追趕這一小時。」

退休後，投注財力在教育慈善事業的美國鋼鐵大王凱吉也說：「早晨睡懶覺是在浪費時間。沒有比這個費用更昂貴的了。」

——成功人士大多是朝型生活的人。

你的一小時相當於多少錢呢？

美國管理學家德拉卡說：

「時間是最貧窮的資源，如果不能加以管理，則不能進行任何的管理。」

如果想要將重視時間的重要性強力地刻劃在心中，那麼可以計算一下時間成本。以年間勞動時間除以年收入（月薪加年終獎金），看看得到的結果如何。

例如，年收入一百萬，一年勞動時間爲一千八百小時，那麼個人的一小時成本爲五百五十五元。換言之，一小時的勞動價值大約爲五百五十五元。一分鐘爲九．二五元。如果隨便花五分鐘抽菸，則浪費公司四十六．二五元。

但是公司所負擔的不只是報酬而已，除了保險還包括公司各種辦公費用、電話費等各種經費在內，公司對於每一位職員要負擔兩倍年收入以上的金錢。所以年收入一百萬元的人，一小時的成本是一千一百十一圓。一分鐘是十八．五元。換言之，年收入一百萬元的人必須義務貢獻公司二百萬元。所以，即使是早上的一小時也不可以浪費。當然時間不只是爲了公司，也是爲了自我實現而存在的。

60 熱中能使人生變成二倍、三倍

……熱中法

法布爾出生於貧窮的農家，少年時代對於昆蟲很感興趣，後來即使時間很少也會努力學習。之後在鄉下擔任老師，除了本業之外還持續進行關於昆蟲的生態研究。辭去教職之後，花了整整三十年的時間完成《昆蟲記》十卷，對他的耐性與毅力，我們眞的必須要脫帽致敬。

利用頭腦就能去除頭腦的疲勞

法國昆蟲學家法布爾說：「對我而言，沒有比連一分鐘休息時間都沒有更幸福的事情了。只有工作才是最幸福的事。」

經常有人說，「天才的另一個名字是努力。」

法布爾也是珍惜零碎時間、勤勉努力的天才。

有效利用時間而成功的日本人是森鷗外。

他也是著名的文豪，畢業於東京帝國大學醫學部之後，以軍醫森林太郎的身分到德國留學（當時他與「舞姬」的模特兒戀愛），後來擔任最高地位的軍醫總監，曾任帝國博物館長、帝國美術院長等，是非常活躍的人物。

森鷗外軍務繁忙，可是卻能夠完成許多的作品，這就是因爲他能夠巧妙地進行時間管理，徹底利用日常生活的時間。

例如，他用餐時間一定不超過十五分鐘。

而且能夠巧妙地利用學習時間。

有一個著名的傳說——森鷗外在晚上用餐前，要對某人進行德國哲學的個人授課。但不光是教導而已，結束之後，那個人還要教他唯識論的課程。吃完晚飯又立刻到傳教士那兒去學習法文。

61 將後悔心理當成資源

……機會成本

心理學家巴格拉斯和瓊斯曾做過「藉口」的心理實驗。

給①群無法解答的問題，給②群簡單的問題，在解答到一半時「大家都可以服用增加智慧的藥A，以及降低智慧的藥B中的任何一種」。

結果解答不出問題的①群，有60%選擇的不是會增加智慧的A，而是會降低智慧的B。這是因爲有一種想要得到「無法解答問題是因爲藥的緣故」的藉口心理作祟。而②群選擇降低智慧的藥B，還不到20%。

自己陷入不利條件中……

美國科學家富蘭克林說：

「你愛生命嗎？那麼就不要浪費時間。因爲時間是製造生命的材料。」

像開頭所說的「做不到是因爲△△的緣故」，這種責任轉嫁的心理，也可以算是一種讓自己進入不利條件中的心理，懂得自我管理的人不會這麼做。也就是不會想逃避責任，而會想「既然這樣不行，那麼就要去除障礙才能成功。」不論是商業或是人生，經常因爲大好時機逃脫而感到非常後悔。

這種後悔的心理稱爲機會成本（機會原價）。原本是經濟學用語。雖然有更好的投資機會，但是卻放棄而造成損失，損失加上應得的利益，造成雙重後悔的心理。

舉個簡單的例子，一旦加班就會得到一千元的加班費，但是不加班卻跑去喝酒，喝酒的錢以及車費用掉了一千元，這天晚上的機會成本總計花費兩千元。

失去的機會不可能再拾回。但是卻可以完成「爲了得到下一次好機會，應該做什麼比較好呢」的準備。這也是一種自我管理。

因此，首先必須要了解自己工作的問題在哪裡。自己能夠發展的條件、能夠提升效率的方法等，都必須要列出表來加以檢討。如果能夠化爲客觀的數值，就能看清解決問題之道，也就不會再找藉口逃避了。

62 你能夠在今日訂立計畫、看清十年後的發展嗎

……獨立準備的活用

經濟評論家P氏指出上班族要有錢有三個管道。①對於工作全力以赴，提升地位，成爲公司幹部。②利用副業賺取財力。公司的工作適可而止，取得餘裕。③不再當上班族，目標獨立創業。觀察一些貧窮型的人，並非是屬於三者中任何一種的半途而廢者。對於本業不熱中，也不想要從事副業，而且也沒有獨立創業的氣概。如此一來只會造成時間的浪費。

自我管理的祕訣

普魯士皇帝米勒說：「可以等待機會，但是絕不可以等待時間。」

成功的時間管理、自我管理之一就是目標獨立、做好萬全的準備。評論家福富太郎述說這一方面的技巧如下——

「我剛開始做生意的時候，一直認真地考慮該怎麼做才能獨立。這時某位前輩對我說了一番話。他說在店裡服務一開始就會想到『我要花三年的時間學會這門生意的技巧，然後獨立』，想要這樣的人是絕對不會成功的。因爲店的經營者雖然想要一個非常能幹的人，可是發現他三年之後就會離開自己的店，那麼一開始就不需要雇用這樣的人來工作了。對於這種不值得信賴的人，當然也不會去好好地照顧他，也不可能爲他開拓機會。的確如這位前輩所說的。經過後來的經驗，我發現獨立的機會並不是自己勉強製造出來的，而是只要認眞工作就一定會到來的。」

我想，這一番話適用於所有的業界中平常就表現出誠懇服務態度的人。

上班族要以開頭的①當成成功的基本。當然，以獨立爲目標持續學習和收集情報，但不會暴露自己的野心，才是一種眞正巧妙的自我管理。

羅馬詩人歐威迪斯也說：「在任何場所都有機會。要隨時準備好魚鉤。在認爲釣不到魚的地方經常都會有魚。」

想要避開大企業心理的損失

美國石油大王基提說：「進入大企業，就好像是搭乘火車一樣。你是以時速六十公里的速度奔馳嗎？還是說你只是一直坐在以時速六十公里奔馳的火車上，一動也不動呢？」

前面所提，經濟學家P氏所指出的「貧窮型」的人，特別是大企業的上班族更要仔細玩味這番話。大公司裡的人，經常在脫離公司之後就不堪使用了。也就是因爲公司的看板而頭抬得很高，不願低頭遭遇失敗。並不是靠著自己的力量，而是靠著名片的力量進行工作，但卻錯以爲是自己的實力。

在這一點上，中型公司或者是小企業等，則能夠認眞地向周遭學習。這一點非常的重要。中小企業不知道公司什麼時候會瓦解或者是被吸收合併。當然會以踏實的方式儲蓄金錢，而且會認眞考慮到轉職或獨立的事情。

所以從生涯規畫這一點來看，與其進入一流的企業還不如利用中小企業磨練自己，才是到達成功的捷徑。當然最後還是要以自己的實力來一決勝敗。

儘量使用公司時間，則自己的時間也不會不自由

……個人化的心理

一旦就職，個人會受到公司強烈的影響。心理學將其稱爲社會化過程。但是經過幾年之後，變成個人對於公司發揮作用。這就是個人化過程，有三種型態。①完全否定公司或反抗公司。②建立一個接受重要規範，卻忽略細節的自己，形成創造的個人化。③全面服從公司，也就是所謂的公司人。

你的「自我實現」是屬於那一型呢？

看法的不同會使公司變成學校或地獄

美國作家夫拉說：「不伸出手，就無法得到想要的東西。」

評論家竹村健一在報社工作時，幾乎每個星期天都要上班。但是對他而言，卻有很好的影響。

首先就是大部分的人星期天都想休息，因此星期天不用上班的人會感到很高興。第二點就是星期天不會遇到囉嗦的上司，可以優閒自在地工作或學習。第三是平常就可以休息。

竹村平常擔任天理大學的兼任講師。而且是和家人一起開車，然後到大學教課。每週和家人一起開車出遊一次，到了風景好的地方，就將喜歡畫畫的夫人放下來。夫人和孩子一邊玩一邊畫畫，而竹村則去上課。

由於星期天上班，因此能夠得到在大學教課的附加價值，而且還可以享受開車出遊之樂。只要產生一些好的構思，即使是上班族，不論是要獨立或者是出人頭地，都可以得到學習的絕佳位置。

「一旦離開公司之後，沒有辦法從公司裡得到許多的經驗和情報。」公司就是學校。如果能夠了解這一點，就能夠儘量地學習。有能力的上司或者是同事、部下，都可以成爲自己的老師。而如果是遇到無能力的上司或是反抗的部下，也可以當成成長的糧食。這可以算是公司中個人化心理的一個有效解答。

64 不要忘記時間也有「浪費的效用」

……安心法

竹村健一昔日曾拍了一個「在會議中，居然有人拿了這種資料來，眞是太笨了。我只要這個，這個就夠了。」搖著小筆記本的廣告。但是，很多看過這個廣告的人可能會覺得啞口無言。因爲廣告中，這個人所拿的筆記本中塞滿了用獨特技巧濃縮的情報。我們卻無法辦到這一點。

你是如何進行資料的處理呢？

多花點工夫就能節省時間

英國聖職者湯瑪斯說：「不會陷入危險的方法，就是不要認爲自己很安全。」

有的人爲了節省時間而在開會或者是交涉時只使用最低限度的資料。但是心理學上認爲，這並不是正確的方法。

因爲，實際上認爲不需要的資料，也許到時候突然變得很重要，對方可能會提出要求其他的資料。而這時如果你說「沒有事先準備」，會造成心理的壓力。

就算說「稍後爲您送來」，也會使得對方不信賴你，結果和事先準備所花的時間相同。不，事後交出的資料可能要求更爲完善，因此可能要花更多的時間。所以，即使是不需要的資料，也要盡可能準備好，這樣才能節省時間。

也可以從一般的心理來探討資料不足所造成的損傷。

例如，早報送來時，有時會夾著比原先的報紙更厚的一些宣傳單。有的人不會全部都看過。幾乎是看都沒看就丟掉了。

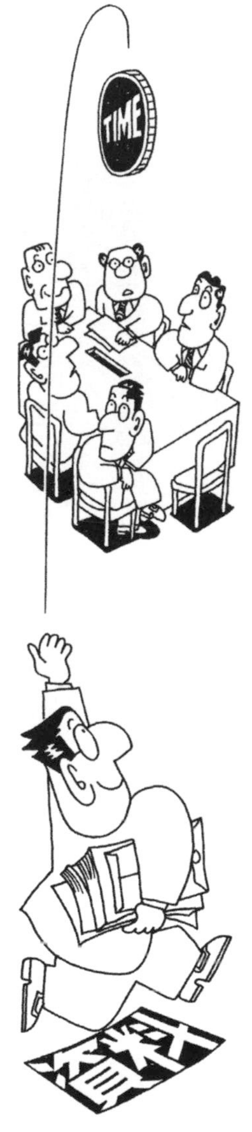

儘管如此，如果早報不夾一些宣傳單就覺得好像缺少了些什麼。即使是不需要的宣傳單，也能得到量的滿足感。

在會議時，盡可能連不需要的資料都準備好，也能發揮同樣的效果。如果只有一張準備得非常好的資料，不具有說服力，也無法使看的人產生安心感。

雖然是不合理的要求，但即使是認爲對方不會看的資料也必須要收集好，增加文件的厚度，這種安心的力量是不容忽略的。因爲對方會給你「準備得非常充分」的評價，你自己也不必擔心害怕。

不論是利用郵寄方式的傳閱或是會議，都是同樣的情況。薄薄的一份資料無法得到他人的信賴。人不論是何種體型，通常都具有會被物理量壓倒的心理。

當然，每一分資料都必須要給予標題，雖然量很多，但是只要翻閱一下就能夠把握住概要的資料，才算是準備齊全的資料。

CHAPTER

6

創造更強韌的自我——自我控制

雖然我們下過好幾次的決心，但還是沒有辦法戒酒或者是戒除飲食過量的習慣，即使想要早起或者是學習語言，可能都只是三分鐘的熱度而已，可以說是意志薄弱的人。

但是，同一個人在進行必須負責任的工作時，可能會不惜熬夜、賣力工作，甚至犧牲了家人、朋友也不後悔。

在我們的心中都有能夠引出，足以讓自己驚訝的力量的存在。這也是成功的條件。

成功者並不是具有什麼特別的才能或者是美好的素質，只是不會放任自己的心，能夠保持湧現力量的狀態而已。不論是誰都可以簡單地實行這個方法。心理法則是萬人共通的。

為各位介紹打破日常生活外殼的極端作法。希望今天就能成為嶄新、成功的重生之日。

65 使自己更有自信的心理學

……伽利略的鐘擺理論

在黑暗的房子裡凝視鏡子的光點，會覺得光點好像在移動。這就是所謂的「自動運動」。據說是與眼球的移動有密切的關係，但是眞相不明。

經過證明，與心理動態有密切關係的相同現象稱爲「觀念運動」，有很多人使用這種運動集中精神。

所有發生的事情都是心裡的表現

雅典將軍迪莫斯提尼斯說：「人只相信自己想相信的事物。」

在三十公分長的線前端綁個鐘擺（用線穿過中間有孔的銅錢等），用手指抓住一端，讓鐘擺下垂到杯中。

凝視著鐘擺，心想「自然移動」，結果眞的開始搖晃了。擺動的方式愈來愈激烈，最後甚至撞到杯緣而發出聲響。

這就是「觀念運動」；也稱爲伽利略的「鐘擺理論」。

這並不是只在心中想著「移動」而已，甚至在口中唸著「移動、移動」，就能更快開始移動。

這個實驗嘗試幾次之後，甚至連鐘擺撞到杯子的數目都能夠隨心所欲。心想「撞三次」，結果就眞的叩、叩、叩撞了三次。

這並不是故意使其移動。放鬆手臂的力量時，「移動」的觀念成爲一種暗示，對身體發揮作用而引起微妙的肌肉運動。

所謂「觀念運動」，就是暗示身體成爲一種運動而表現出來。當精神集中在一種觀念上時，如果不產生其他意識，則會如觀念所想的方法移動身體。只是產生些微的運動，自己也覺得「的確如此」，就更容易產生一種暗示，而使得觀念運動更爲激動。

這個心理現象如果運用在成功法則上，應該怎麼做才好呢？

就從精神集中這一點來看過程吧！

觀念運動，首先要讓意識容易集中在鐘擺上，形成「移動」的自我暗示。其次，鐘擺運動更能提高集中力。也就是觀念運動的形成，就算是高度的精神集中了。

因此，實際上鐘擺自由移動之後，閉上眼睛，腦海中也能清楚浮現鐘擺移動的情況。如此一來，只要看著指尖，就可以想出鐘擺移動的狀態。

這時，你的精神已經達到高度的集中狀態。

這樣就能提高集中力，藉著精神集中而擁有自信。

例如，突然面臨緊急事態或者是緊張場面時，值得一試。習慣之後不看指尖，只要腦海中產生鐘擺移動的印象，就能夠集中精神。

66 信念能度過人生的浮沈

……偽藥效果

給予患者眞正的嗎啡和攪起來像嗎啡的白色粉末。這個實驗顯示，接受眞正嗎啡的患者，有52%的人疼痛消失，而只接受普通粉末的患者，也有40%疼痛消失。

也就是說，即使是僞藥也具有和眞藥同樣的效果。

這種身心的關係稱爲「僞藥效果」。

信心要比疑心更堅強

德國俗諺：「沒有比相信自己運氣好的人，更好運的了。」

偽藥這個字是來自拉丁文，字的本意是「感覺滿足」以及「感覺喜悅」的意思。

給予患者既無毒也並非藥物的牛奶或是水、生理食鹽水等，讓患者認爲「有效」的效果研究，在歐美非常盛行。

人類日常生活中，代表這種偽藥效果的就是「護身符」。

雖說「盡人事，聽天命」，但是人生經常會有幾次遇到人事與天命交界的場面。在面對會對將來造成極大影響的重要會議前，或是面臨大考時，這時想要平心靜氣是不可能的。經常就會有「痛苦時祈求神明」的經驗。

但是，擁有信仰的人必須要在祈禱時面對佛像或十字架，也就是要依賴神明必須要有一些象徵。這時就要使用護身符。

護身符並沒有保證成功的根據。但是，許多的先人透過成功體驗將其視爲是暗示的象徵。只要相信它，它就能成爲心靈的鎮靜劑。心情平靜之後就能浮現好的靈感，毫無遺漏地發揮學習的成果。下一次遇到同樣的情況時，護身符的力量就增大了。

戀人送給你的吉祥物或者是自己決定好的吉祥物等，都具有同樣的效果。

在面臨緊張局面時，相信「效果一定會出現」的信心，比「也許無效吧」的疑心具有更強大的力量。信心能夠使得生理活動旺盛，提高大腦的功能。

迷惘時依賴第六感

英國俗諺：「賽跑時行動敏捷者，或者是戰爭時的強者，不見得每次都能獲勝。這就是賭博的理由之一。」

我曾擔任過好幾次的監考人員，因此看過許多考生的表情。

有的人一心一意地動筆。有的人只是凝著天花板的一點。有的人一開始就放棄地趴在桌上休息……

最危險的人，就是用橡皮擦擦拭著答案紙、經過思考之後再填入答案的人。對於一個問題感到迷惘，就會陸陸續續出現迷惘的狀態。漸漸地時間不夠用，根本來不及解答問題。

所以，一開始就要講求技巧。

技巧就是利用直覺，也就是所謂的第六感來作答。也許你會認爲這種方法「太不負責任了」，但這是有根據的說法。

換言之，雖然自己沒有清晰的記憶，但在潛在意識當中卻留有學習記憶，因此直覺就是來自學習記憶的訊息。

根據某位考試相關者所說，如果是選擇題或者是是非題的考試，長時間想出的解答和利用直覺想出的解答，其正解率大致相同。

深論題形式也要寫最初浮現在腦海中的內容，這時的品質比經過一番長久思考之後寫下的品質更高。

因此，在考試時，先大致看一下整個問題，從會做的問題開始，感覺迷惘時將浮現在腦海中的答案抄下來，然後再重新看一次。如果得到與最初思考相同的直覺，這就是正確的解答了。

一旦迷惘時，把鉛筆當成骰子來用，隨便亂猜的人當然無法得到正確的解答。

直覺法也可以應用在生意的各種情況。

67 創造強韌精神的輔助音樂

……節拍器的魔術

獲選爲奧運代表的射擊選手，使用節拍器卡吱、卡吱的單調音培養高度的集中力。利用聲音刺激頭腦來提高集中力，效果極大，這是經由心理學證明的事實。

你會利用何種聲音呢？

意識清晰的音樂、意識沈睡的音樂

大腦生理學家品川嘉也說：「大腦刺激的鍛鍊法是側耳傾聽節拍器，有時閉上眼睛走路，按住右耳，只用左耳聽聲音，聽波濤或者是潺潺流水的錄音帶等等。」

晚上無法成眠，但在火車（捷運）上卻容易熟睡。並不是說火車上的環境對於睡眠很好，而是鼓咚、鼓咚單調的車輪聲以及搖晃身體的振動產生強烈的睡意。

心理學認爲變化或變動會導致精神的緊張，而單調則會使得精神放鬆。

因此，節拍器的聲音或者是火車振動等單調的聲音反覆出現時，就能鎮定神經，使得全身機能一一放鬆。

這種心理效果，在從事必須集中精神的工作時，或者是因爲失眠而煩惱時都可以利用。例如，雨滴的聲音、節拍器的聲音等等，短時間聽這些聲音，能夠放鬆緊張、提高集中力。長時間聽的話，能夠使全身放鬆、得到安眠。

聽音樂當然也很好。但是要選擇速度不快、安靜的曲子。

依症狀別爲各位推薦如下的古典音樂。

1・一般人想要鎮定情緒……巴哈的「幻想曲」、「彌撒曲」。莫札特的「弦樂四重奏」。貝多芬的「彌撒曲」。

2・頭痛……加休伊的「巴黎的美國人」。貝多芬的「羅曼史」。

3・神經衰弱……比塞的「卡門組曲」。李斯特的「匈牙利狂詩曲」。

4・歇斯底里……貝多芬的「田園」。孟德爾的「仲夏夜之夢」。

68 影響「氣」的色彩心理……環境暗示法

在英國泰晤士河上有一座黑色橋（波利菲爾大橋），是自殺的勝地。塗成明亮的綠色之後，自殺者減少了三分之一。你對於色彩的心理效果是否非常敏感呢？

一張壁紙就能縮短或增長時間

西班牙俗諺：「事物並不是其原來的樣子，而是我們看到的樣子。」

心理學認爲待在暖色系房間中的時間比實際上感覺更長，待在寒色系的房間中，感覺比實際的時間更短。

也可以經由照明得到同樣的效果。在溫暖的黃色電燈泡下，人能夠覺得放鬆，感覺時間非常優閒，但是在白色螢光燈下卻具有活動性，感覺時間過得很快。

把這個方法應用在會議室而選擇油漆色彩的公司並不少。需要進行清楚談話的公司內用會議室，使用的是藍色系列的牆壁以及寒色的椅子和螢光燈。相反的，希望對方能夠放鬆的接待室則統一使用米黃色，而且使用電燈泡的間接照明。但如果是生意上的交涉，則也必須在會議室接待對方。

由此可知，色彩和照明會對心理狀態造成極大的影響。

所以，一般人可以依照自己想要做什麼而變換衣服或者是領帶、房間、桌子、文具等的顏色。顏色的印象依性別、年齡、國家的不同而有不同，不過，爲各位介紹一下色彩心理學中一般顏色與感情的關係。

——首先是色相：

暖色……溫暖、積極、活動的

中性色……中庸、平靜、平凡

寒色……寒冷、消極、沈靜

——具體的顏色如下：

紅色……活動的、積極的、歡喜、興奮與激情

黃色……快活、明朗、愉快、活動的朝氣

粉紅色……溫柔、可愛

綠色……安詳、平靜、年輕、理想

紫色……嚴肅、神祕、溫柔、不安

藍色……平靜與自信、沈靜、深遠、寂寞

白色……純潔、清新

黑色……陰鬱、不安、嚴肅

想在自宅的書房裡積極工作，則桌上的小配件可以使用紅色。但如果連地毯都使用紅色系列，刺激太強。整個房間的統一照明也很有關係，小物件可以使用大膽的顏色，而牆壁和地板則可以按照常識來決定。如此一來，作業效率和氣氛完全不同。

69 轉職是適性還是懦弱 ……拉斯金的條件

根據勞動部所發表的離職原因，前**10**名是①工作不適合。②對於工作和自己感覺不安、嫌惡。③與上司、同事不合。④勞動時間等的勞動條件不好。⑤希望培養更好的技術和技能。⑥薪水太低。⑦條件與最初約定的差距太大。⑧想找條件更好的工作。⑨能夠轉換職業的誘惑。⑩宿舍等福利設施較差……

——你是否發現到前三名和適性、性格有關呢？

只考慮自我實現與自己的能力

英國思想家卡萊爾說：「這世上最後的福音，就是知道而且完成你的工作。」

英國美術評論家拉斯金曾說：「人如果要高興地工作，需要以下三點。適合的工作、不要工作過度，以及做了之後覺得能夠順利做下去。」

對現代人而言，不要工作過度似乎很難辦到，不過這三種當中，有兩種是適性的問題。一般而言，適性的心理問題比能力更重要。

如果能以客觀能力測量適性，我想，考慮轉職的人幾乎都會辭去目前的工作，而轉向更能發揮自我的職業了。但是考慮適性時，大部分的人都會受到脫離團體規範與團體壓力的糾葛、不公平感、任務期待的矛盾、精神報酬的不滿等等心理因素的影響。「是不是因爲自己的任性以及努力不足呢」、「改變性格就好了吧」、「爲什麼只有自己不行呢」，感覺到迷惘，很難找出答案來。心理的摩擦與不安、不滿，不管到哪一家公司去，只是換個型態而已，這些問題一定還會存在。

因此，在考慮轉職或者是獨立時，將問題集中在「能力」與「自我實現」上來考慮，較容易得到結論。

這兩者是有密切關係的。有能力的話就能夠實現自我，就好像有人說「因爲喜歡所以很拿手」一樣，因爲具備了能夠實現自我的能力，所以做起事來稱心如意。

70 藉著宣布要做而使其實現……態度改變的方法

老劉是個老菸槍。但是在參加派對時，看到隔壁的女性因為其他男性抽菸而很不高興的表情，因此對周圍的男性說道：「你這樣會造成別人的困擾，難道你不知道不應該在公共場所抽菸嗎？」有趣的是：從這一天之後，老劉自己的吸菸量也銳減。而且現在只要看到同事吞雲吐霧時，他也會說：「吸菸的常識是不可以造成他人的困擾喔！」用在派對時同樣的台詞勸其他的吸菸者。

在自己心中播下「不協調」的種子

西班牙大提琴家卡沙爾斯說：

「人生中最優先的事項，就是要完成想要完成的目標。」

人類的態度或信念有頑固的一面，但是有時卻因條件的不同很容易改變。這是經由行動心理的實驗所證明的事實。

在冷戰時代調查學生對於蘇聯的好惡之後，讓喜歡蘇聯的學生寫反對社會主義的論文，讓討厭蘇聯的學生寫讚美社會主義的論文，然後再調查「喜歡蘇聯還是討厭蘇聯」的實驗，結果60％的學生都改變了以往的想法。

應用這個心理就可以脫離或改變自己不喜歡的態度或想法。

首先說明一下**「改變信念的心理構造」**。

1．展現與自己態度或信念不同的行動時，心中產生矛盾，形成自我對立（認知的不協調）。

2．再繼續下去就會提高緊張感與不安，而容易造成神經衰弱。

3．而爲了消除認知的不協調，就會改變心理的態度或信念。

也就是要改變自己，必須故意製造出認知的不協調。而爲了消除這種不協調，心理發揮強力的作用，結果就能夠形成意志堅定的行動。

例如，軟弱的人遇到最難以應付的顧客時，可以公開對同事或上司說：「我一定能夠應付那一型的人。」

如果內心認爲「這個新人眞是笨蛋」，這種想法在心裡一直揮之不去，沒有辦法順利管理部下的人，那麼可以對幹部和同事說：「部下就好像是自己的家人一樣，一定要抱持情感對待他們。」

如果身邊出現與現實的自己完全相反的人、事、物時，就會形成很大的認知不協調。自我難以忍受監視者的視線，就會改變現實的自我。

在你周遭應該有表明「我要戒菸」的決心，結果成功戒菸的人吧！

但這只是一種單純的事情，如果是與工作或性格有關的問題，則能夠實行到何種地步呢？超過了哪個地步就會遭人埋怨說「那個人只是嘴巴說說而已呢」，一定要仔細分辨一下才行。

「同病相憐」不安的消除法

……親和欲求的滿足

美國心理學家夏克達做了以下的實驗。對女學生說明「要進行利用電擊調查心理學效果的實驗，會讓人感到非常痛苦，但是不會損傷肌膚，或是對心臟造成影響。」然後再詢問「準備好之前，要待在個人房還是在大廳和大家在一起呢？」

電擊當然只是謊言，而這個實驗大部分的女學生都選擇要和其他人待在同一個房間裡。

不安減弱就能增強鬥志

塞爾維亞俗諺說：「要了解朋友的價值，不是在用餐的席上而是在監獄裡。」

人在不安時就會強力要求和別人在一起。這就是一種親和欲求。反過來說，當親和欲求滿足時，心理上的不安就能消除，也能增強挑戰現實不安的力量。

重點就是與自己立場類似，遭遇、性格類似的人在一起，才更能夠充分地滿足親和欲求。也就是所謂的「同病相憐」。

但是，也有與親和欲求類似行動、關於對人好惡的自尊理論。

心理學家威爾斯塔曾對大學生做過如下的實驗。亦即對女子進行性格測試，將結果分爲非常好與非常不好兩種，並讓女子知道結果。之後，讓同樣要接受測試的男子邀約女子用餐，並且詢問女子們對於男子是否抱有好感。

則測試結果顯示非常好的女子，幾乎都不對男子抱持好感；反之，測試結果顯示非常不好的女子，幾乎都對男子抱持好感。

也就是說，由於性格測驗降低了自我評價。人在自尊心受損時較容易接受他人。

應用這個心理，則能夠與難以接受的人或是緣份較淺的人建立關係。如果能夠建立一個懷才不遇時的心理夥伴，則遇到你自己要求滿足親和欲求的事態時，詢問對方「接下來要開會，你覺得這個企畫怎麼樣呢？」、「我想聽聽你的意見」，相信所接觸的對方一定會令你覺得滿意。

力量來自於短眠……印象熟睡法

睡眠能消除身心的疲憊的理由最近才知道。睡眠能夠更新頭腦，是因爲頭腦發揮作用所需要的物質是在睡眠中製造出來的。這個物質在夜間由大腦的神經細胞大量製造出來，而白天使用掉。

你是否能得到好的睡眠、好的清醒呢？

暗示自己只要睡三小時就足夠了

美國科學家富蘭克林說：「走進墳墓裡，就有足夠的睡眠時間了。」

該怎麼做才能得到好的睡眠呢？有的人短暫睡眠就能夠神清氣爽，有的人即使睡了十個小時仍然殘留疲憊感。也就是睡眠重要的不是時間（量）而在於熟睡度（質）。

拿破崙等許多成功者都只有短時間的睡眠，非常努力，但卻能夠得到深沈的睡眠。換言之，當他們躺下來時，就能同時進入深沈睡眠狀態。

能夠辦到這一點，就必須要培養睡覺時完全摒除雜念的方法。對於工作的擔心、對於將來的不安以及擔心戀人的問題等等雜念，一躺在床上之後，如果殘留在頭腦中，則恐怕很難入睡，而且即使睡著之後，還是會隱約地想起這些問題，使得睡眠較淺。

要防止這種現象，可以使用使自己更快進入深沈睡眠的自我暗示法。

「我只要睡眠三小時就足夠了。只要睡三小時就能完全消除疲勞、頭腦靈活。」躺在床上時對自己這麼說。

反覆唸三次，想著自己能夠清爽地清醒。從所有的雜念中解放出來。當然要花一段時間才能夠習慣，可是一旦得到這種熟睡體驗之後，就會進展得比較順利了。

瑞士法學家、哲學家希爾提曾說：「過多的休息和太少的休息，同樣會感覺疲勞。」在美國，「睡眠疲累症候群」也成爲話題。所以不要打算要睡很久，暗示自己只要睡三小時就足夠了。

73 經常消除疲勞……瑜伽術

產生於印度的瑜伽，能夠有效地增進健康、強化精神。它的特徵不是鍛鍊身體而是能夠去除偏差、調整身體的平衡。看似奇妙的姿勢，卻能夠伸展平時不常使用的肌肉、矯正骨骼或肌肉的歪斜、放鬆僵硬的程度，使血液循環順暢。任何人都能夠簡單地實行，所以不要認爲「瑜伽算什麼」，就當是做伸展體操好了，要納入日常生活當中。

伸展背部、矯正身體的偏差

美國科學家富蘭克林說：「不要到了爲時已晚的地步才說自己生病了，不要言之過

早地說自己的病已經好了。」

光是一顆牙齒痛，就會搞得人仰馬翻、大大降低工作的效率，甚至連判斷力都無法集中。所以，健康是精神力的根源。

尤其非常重要的一點，就是不要積存疲勞。即使不會感覺「疲勞」，也要在日常生活中儘量放鬆身心。

從瑜伽的許多姿勢當中，爲各位介紹有助於消除疲勞的「伸展背部姿勢」。能夠清除精神的不安，同時使得腹部內臟的功能提升。

做法非常簡單——

1．雙腳併攏坐下，伸直雙腳。手臂放下。

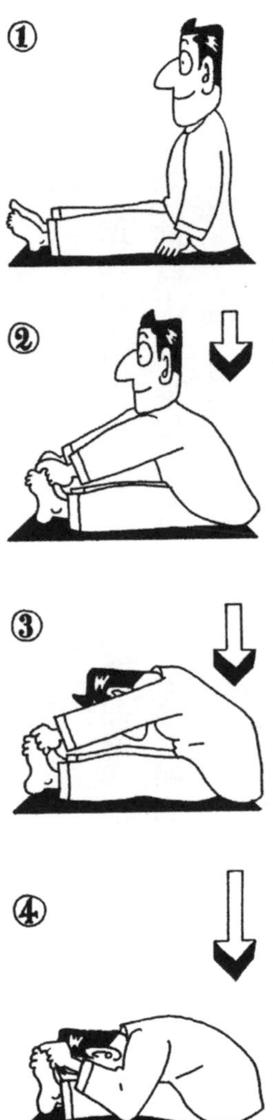

2·上身往前傾，彎曲左右的食指，勾住左右腳的拇趾。搆不到的人雙手可以握住腳踝附近。

3·用勾住的食指將腳的拇指拉向面前，盡可能地伸展背部，同時吸氣。

4·靜靜吐氣，同時上身好像彎曲到腳上似的。最後臉碰到腿，身體前屈。手臂彎曲到手肘處。手肘盡可能地貼於地面。

5·靜靜地深呼吸之後，保持④的姿勢。從十五秒開始逐漸拉長時間，習慣恢復做到一分鐘爲止。

6·慢慢地回到①的姿勢。

——以上，反覆做三次。

只要短暫的時間就能完成，結束這個姿勢之後，感覺就好像早上剛清醒似的，神清氣爽。持續長時間的工作之後，做起來特別有效。

此外，做這個姿勢時要注意膝蓋不可彎曲、不可離開地面（地板）。還要注意身體不可以搖晃、不可以請別人爲你壓住背部。

一般而言，做瑜伽時要鬆開皮帶，盡可能穿寬鬆的服裝。如果是在家裡的話，穿睡衣最適合。

74 吐出壓力、吸進活力的呼吸法
……禪呼吸法的妙用

禪呼吸是佛教修行的一種生活方式，同時也是非常好的健康法。臨濟宗之祖白隱禪師，年輕時經過嚴格的修行，身心衰弱、瀕臨死亡，但是卻創造出獨自的健康法，恢復了健康。就是因爲有健康才能大徹大悟。

寺廟中眞正的坐禪結跏趺坐非常困難，但是納入禪技巧的壓力消除法，則隨時都可以進行。爲各位介紹活用禪呼吸法的方法。

只要花五分鐘就能增強活力

西班牙俗諺：

「簡單的事情要當成難的事情來做，難的事情要當成簡單的事情來做。」

這是稱爲步禪的方法。所以不像坐禪需要場所。只要在路上或者是走廊就足夠了。時間很短。活用零碎的時間來進行就可以了。

做法很簡單。「一、二、三」，走路時腳的動作配合呼吸的節奏就可以了。

1．數「一」開始吐氣，踏出最初的一步。不論是左腳或右腳都可以，在此是使用右腳。

2．數「二」的時候，祕訣就在於要拉長尾音。數「二」時要吐氣，同時踏出左腳，一邊繼續拉長尾音一邊伸出右腳。這個拉長的音是吐出的氣息變細，從停止的狀態變成下一次開始吸氣時的交界處。

3．數「三」吸氣，踏出左腳。

——如以上的方式，反覆「一、二、三」。

重點就是兩次吐氣之後不要立刻吸氣，數「二」的尾音時，要有一點空檔的時間。有點空檔的時間，就能夠產生心靈的餘地。

以慢慢吐氣爲主，充分吐出氣息，自然將氣息吸入肺部。

我們平常的呼吸法只使用一部分的肺機能，利用這個方法吐盡氣息之後再吸氣，是能夠使用到整個肺部的呼吸法。

工作或學習疲勞時，花五分鐘使用這個方法，能夠使頭腦清晰、去除疲勞，心情變得更開朗。

和他人見面會怯場的人，在到達等待的場所之前實行這個方法，就能夠放輕鬆，去見他人也不會怯場了。

會議前使用這個方法非常有效。能夠鎮定精神，進行冷靜、正確的判斷及發言。在會議中悄悄地進行幾次這種呼吸法，能夠使睡意全消。

這個呼吸法不在意時間的長短。有空的話，隨時可以積極地進行。

75 強健身體、活化心靈
……忙碌健康法

法國思想家蒙田曾說：「健康眞的很珍貴。這是值得人類不惜時間、汗水、勞力和財寶，甚至奉獻生命來追求的唯一東西。」健康是成功的能力之一，健康來自於習慣。最近將成人病稱爲「生活習慣病」，由此可知，規律生活的重要性。健身、運動或流汗是好的健康法，但是要累積日常的工夫，這才是不會花費時間、工夫及金錢的最高健康法。

為什麼他們能從事不同的事業得到健康、長壽呢？

女演員英格麗・褒曼說：「幸福的關鍵在於——健康與健忘。」

成功者各自擁有獨特的健康術或健康習慣。其中，舉幾個能夠簡單學習的例子，當做現代人的參考。

●畢達哥拉斯（希臘數學家、哲學家）……兩餐主義，戒肉食，黑麵包上塗蜂蜜，吃蔬菜。

●希波克拉提斯（希臘醫學家）……適度的飲食。冷水擦澡。身體訓練。

●威巴（德國經濟學家）……適當地攝取食物和飲料。絕對不攝取刺激性的食物或者是酒。保持室內外空氣的清潔。每天做適當地運動。早睡早起，睡眠不超過六～七小時。每天沐浴、摩擦身體。保持精神的安靜。

●格拉德史東（英國政治家）……熟睡。每一口都要咀嚼三十二次，早餐前散步。禁菸、禁酒

●尼采（德國哲學家）……食量很大，但不吃點心。不喝咖啡，只有早上喝茶。喝水，不喝啤酒或葡萄酒

●康德（德國哲學家）……保健的基本是晚上十點到早晨五點的七小時睡眠。早餐喝兩杯茶，抽一袋菸。下午一點吃午餐。內容是湯、魚肉、奶油和乳酪等，夏天則加上水果。滴酒不沾。

●歌德（德國詩人、作家）……早上工作到十一點，然後喝一杯巧克力。下午兩點

用餐。非常喜歡點心，一天喝二～三杯葡萄酒。

●愛迪生（美國發明大王）……只吃麵包、蔬菜、水果，不吃肉，偶爾吃點沙丁魚。飲食爲常人的一餐份。少睡覺，專心工作。

●安田善三郎（明治、大正時期的企業家、安田財團之祖）……早上洗澡。菜食主義。控制菸、酒的攝取量。

●南方熊楠（民俗學家）……爲了使酒精流出體外而大量地喝水。

●勝海舟（幕府末期、明治時期的政治家）……飲食爲一湯二菜的小食主義。

●德川夢聲（藝能家、隨筆家）……用餐時間不定，肚子不餓絕不吃東西。一天洗兩次澡以上。

●寶井馬琴（評論家）……睡眠八小時，努力工作，吃很多。

檢查身心的平衡

法國箴言作家拉・洛休夫克說：

「藉著嚴格的養生之賜，保持自己的健康，不容易罹患疾病。」

以下的項目，你符合哪幾項呢？

①表情不生動，②血色不好，③不會笑，④臉上的皮膚沒有光澤，⑤削瘦，眼睛出現黑眼圈，⑥經常眨眼或是眨眼過少，⑦眼瞼抽動，⑧嘴唇乾燥，⑨嘴唇缺乏緊密度，⑩經常打哈欠，⑪懶得說話，⑫說話不順暢，⑬頭往前傾，⑭上身往前傾，⑮走路彎腰駝背，⑯走路時腳步沈重，⑰頭暈、耳鳴，⑱嘆氣，⑲打盹，⑳思緒不集中。

──二十項當中如果符合五項以上，則表示你的健康度很低。

那麼**「健康」**是什麼呢？

有的人自認爲很健康，但事實上卻是需要治療的病人，有的人認爲自己生病，可是卻無異常。WHO（世界衛生組織）認爲健康的定義是「所謂的健康，就是精神、肉體的健全狀態」。但是敘述太過抽象，大家都不了解。

具體而言，應該是以下的情況。

1．持續每天清爽地清醒

每天早上勉勉強強地起床，當然不健康，但偶爾保持清爽的清醒也不算是健康。一定要每天早上都覺得好像重生似的，有一種爽快的清醒感。

2．睡得很好

躺在床上五分鐘之內，最長二十分鐘以內就會熟睡，一覺睡到天亮。不容易熟睡或是睡眠較淺、容易醒來，表示身心有問題。此外，一坐上車子或是會議開始不到五分鐘就睡著的人也不好。

3．無法隨時保持笑容

生病當然笑不出來。也就是說，具有魅力的笑容是在全身健康的狀態下才能產生的。不愉快的表情或態度，不光是自己心情不好，也會使周遭的人不愉快。

4．不健忘

成功者，即使年齡增長，記憶力還是很好，頭腦功能十分健全。記憶力就是腦力和健康的象徵。

5．隨時擁有感謝的心

心靈得到滿足時，身體功能才能順暢、健全。生氣時胃液分泌減少，會造成腸痙攣，而且容易罹患疾病。

——活用這些檢查表知道自己的健康度，訂立充分的對策較好。

76 不增加惡習的健康法

……規律健康法

大腦生理學家時實利彥曾說「人類要儘量活動」。這就是因爲現代人不體貼自己身心的疲勞，反而會衍生太多的疾病。其代表就是成人病（生活習慣病）。這種疾病，就是自己製造出來的。

你是否已經認眞地謀求預防對策了？

習慣病始於肥胖

有個美國笑話：「最暢銷的書是烹飪書，其次則是減肥書。」

世間的成功有很多種。但是人生的成功就是能夠健康地活著。現代人的死因大多是成人病，基於這個事實來考量、預防成人病，才是人生成功的祕訣。

一般而言，成人病是隨著老化一起進行的。成人病不是特別的疾病，是我們身體使用老舊之後的結果。

但這是一般論，事實上年齡與成人病的關係具有很大的個人差。成長期（二十五歲之前）的個人差為正負二歲，而接下來則可能差距五年、十年，甚至更多。

關於其差距，聖路加醫院的日野原重明則說：「與其稱其為成人病，還不如稱其為習慣病。因為建立良好習慣就能夠延遲發生，而且症狀比較輕微，如果建立惡習，則會提早發生，且病情嚴重。」也就是成人病可以藉著飲食、運動等充分預防。是否能夠預防的指標就是「肥胖度」。

飲食重質不重量

歐洲俗諺：「送牛乳的人，比喝牛乳的人更健康。」

肥胖的原因不外乎是①攝取必要以上的熱量，②代謝（營養素的燃燒與利用）衰退這兩點。因此，飲食不光是不要吃過多，而且要求取均衡。不規則的不良飲食會使得代謝衰退**「免於肥胖」**具體而言，要遵守以下的事項——

1．禁止空腹感　爲了避免攝取熱量而減少飲食量，會長期持續空腹感，同時因爲反彈而突然大吃，會變得更胖。可以利用低熱量的蔬菜或是無熱量的海藻和蕈類保持飲食量。此外，很多人將油脂類視爲是肥胖的大敵，但是它停留在胃中的時間較長，因此適量的攝取反而有抑制空腹的效果。

2．攝取營養均衡的飲食　充分燃燒脂肪的蛋白質，在燃燒醣類時需要維他命B。一旦缺乏時就會造成營養不均衡，即使是低熱量食物，效果也比較小。

3．三餐要正常　只吃三餐，但是肚子一餓就容易吃點心。一般而言，用餐次數減少的話就會變得不健康，而且會提高營養的吸收率。

4．適度的運動　雖然不能立刻消瘦，但是運動具有使代謝旺盛的效果。脂肪開始燃燒是在開始運動後的二十分鐘左右。

一定要實行的七項自我控制方法

……身心健康法

死亡不是從正面攻擊過來的，而是突然從後面勒緊你的脖子，所以朝著成功不斷奔馳的話，也許在你嘗試到成功的果實時，卻突然「死亡」。對老人而言長生是目的，對年輕人而言卻是安心保證。以前平均五十歲就會死去，而現代有很多人活到八十歲以上，所以人生的計畫完全不同。

滿足地活著

美國作家里昂．耶爾德雷特說：「想要長生就要重視身體。」

爲了得到「長壽與健康」，加州大學指示以下七項重點──

1．保持標準體重

過瘦會缺乏體力和耐力。肥胖當然也不好。心臟會有負擔、血壓會上升，糖尿病等成人病會加速出現。男性受到肥胖害處的影響尤其大；而女性肥胖的害處不像男性那麼大。所以女性肥胖不見得是不自然的現象。

2．戒菸

尼古丁會破壞維他命C、減弱對抗壓力的抵抗力、刺激副腎皮質荷爾蒙的分泌、提高血壓、喪失食欲、阻礙氧的供給等，全都是不良的結果。

3．不可以不吃早餐

不吃早餐，則往往會造成午餐、晚餐的增量，提高營養素的吸收率，成爲肥胖的原因。太忙或是沒有食欲的人，也要喝一些冷飲或者是含有咖啡因的飲料，以及維他命較多的食品。

4．避免攝取點心

用餐的次數增加，本身並沒有什麼不好。但是點心大多是甜點，因此不太好。少吃點心，認眞地吃午餐，而且要稍微攝取一些有脂肪的飲食。

5．適度運動

運動有助於防止肥胖，但是反而會使食欲大增而發胖。運動的目的不在於減肥，而在於提高心肺機能以及代謝機能、鍛鍊足腰。減肥則是以後的事情。一週兩次，每次花一小時的時間慢跑、打網球、做體操等。

6．戒酒或節酒

不能喝酒的人不要勉強喝酒，要戒酒。能喝酒的人，一天的酒精量至多二十五公克。酒具有使防止動脈硬化的「好膽固醇」增加的效果。日本酒可以喝一壺、葡萄酒喝兩杯、啤酒喝四杯，威士忌類則是單份兩杯。當然也要一併攝取下酒菜。

7．取得七～八小時規律的睡眠

無法熟睡則無法消除疲勞，血壓會上升、增加心臟的負擔。睡前吃東西，睡覺會覺得很難過、胃不舒服，胃強健的人則有肥胖的傾向。最好在睡前的二～三小時結束晚餐，如果吃消夜，要選擇脂肪較少的食物，少量攝取。睡前喝酒會成爲肥胖的原因，而且會因尿意或者是口渴而在半夜醒來，所以最好避免。

〈終〉

國家圖書館出版品預行編目資料

逆向思維／林郁 主編／初版，新北市，
新視野 New Vision，2020.11
面；　公分 --
ISBN 978-986-99105-6-9（平裝）
1.溝通技巧 2.說話藝術 3.人際關係

177.1　　　　109013545

逆向思維

主　編　林郁
出　版　新視野 New Vision
製　作　新潮社文化事業有限公司
電話 02-8666-5711
傳真 02-8666-5833
E-mail：service@xcsbook.com.tw

印前作業　東豪印刷事業有限公司
印刷作業　福霖印刷有限公司

總 經 銷　聯合發行股份有限公司
新北市新店區寶橋路 235 巷 6 弄 6 號 2F
電話 02-2917-8022
傳真 02-2915-6275

初版一刷　2020 年 11 月
初版三刷　2022 年 8 月